思想觀念的帶動者

文化現象的觀察者

本土經驗的整理者

生命故事的關懷者

Psychotherapy

探訪幽微的心靈，如同潛越曲折逶迤的河流
面對無法預期的彎道或風景，時而煙波浩渺，時而萬壑爭流
留下無數廓清、洗滌或抉擇的痕跡
只為尋獲真實自我的洞天福地

THE RELATIONAL REVOLUTION
IN PSYCHOANALYSIS AND PSYCHOTHERAPY

精神分析和心理治療的

關係性革命

趨向二人心理學的典範轉移

史蒂芬・庫查克（Steven Kuchuck）──著

林俐伶──審閱

魏與晟──譯

目錄

【審閱者序】

你有瘋狂、反思與革命的勇氣嗎？

• 林俐伶／資深精神分析師與督導

今日的關係學派承襲當年蘇利文與他的眾朋友們的人際學派（interpersonal），並且回歸精神分析原本重視內在精神世界（intrapsychic）的視角，從大整合的寫作先出發，逐年地由一群人對話（例如：自 1991 年開始的期刊《精神分析的對話》〔*Psychoanalytic Dialogues*〕），進而之後出版一系列關係學派書籍，凝聚出相當豐富的臨床經驗，延伸與發展出多元的理論、對話的默契，以及頗為強大的精神分析社群能量。

他們的先驅經歷過人與人之間界線相當模糊的時期，接著在團體間也多有分裂的現象。由現代的觀點來看，當時是幾近瘋狂與混亂的，付出的代價則是一段時間的沉靜，再從對客體關係（object relation）的整理與對話作為開端，由史帝芬．米契爾（Stephen Mitchell）與傑．葛林柏格（Jay Greenberg）率先啟動精神分析各家理論大量對比與整理的工作。

簡化地說，關係學派是第一個不是以「一個人」的學說理論創立的學派，事實上他們不太以「學派」自稱，態度上不恪遵並套用某一理論與其技術的要求，也就是說，一開始即不採取一種理想化的宗教態度，而比較是以「觀點」或「取向」來彼此認同，進行精神分析式的工作，用「方法」去發現人心與關係的模式。

然而就是因為如此，這個學派難以是一個入門的學派，由此入門恐怕會什麼都學不清楚。被桑多爾・費倫齊（Sandor Ferenczi）分析過的克萊拉・湯普生（Clara Thompson）就曾經仔細地比較過不同的學派理論，她重視「差異」，而且她認為大雜鍋式的混和（整合？）或是一般說的折衷式工作方法，根本就是「嬰兒式的科學」。因此，要能夠秉持如此開放的態度去參與一個精神分析社群，其實需要花不少時間去歷經臨床經驗上的雕琢與理論思辨上的訓練，才得以養成。能夠做理論的闡明與比較自然是相當不易的，又要有能力隨著被分析者去探索他的潛意識、他的心智裝置，這既要已內化深厚的理論觀點為基礎，卻又要不崇拜與套用理論，這樣的養成道路既漫長且繁忙。

這麼說來好像很難，然而感覺上卻不艱難辛苦。精神分析在關係取向的分析師眼中是活的，每一個工作者都是獨特的主體，在分析工作裡做出來的觀察與分析，既是從被分析者的身上，也從自己身上而來的。因為要觀看與思考雙邊，再加上中間的關係場域（環境），所以分析師們經常散發出一種興致盎然的態度。比方說，本書作者就加入了許多關於社會、政治、文化的批判與思考，因為這些事情是很私人的

（personal），自然有相當多情感灌注在其中，進行思考與分析之時，很難缺乏「能量」。

批判與反思的禮物是：迎向分析中階級與權力不平等的關係所帶來的挑戰。比方說，書中「深思熟慮的自我揭露」、「分析師是觀察者也是參與者」等概念，都是實例。權力結構的問題一出現，其思考便不能停止於政治性的價值判斷（政治正確與否）。很有用處的是：思慮美國「實用主義」的價值，承認人類的語言和思維有其局限性，沒有辦法完全地反映真實世界，此時，批判與反思應被當作解決問題的工具。如此一來，「理論」會依據臨床動力上的需求，於兩個主體間坐落到它應該存在的位置，且這位置是具有可變動性的。感受到尊重且被認真對待的被分析者，將更願意探索自身的幻想與行為背後的潛意識動機，促進分析工作的進行，產生「合作的科學家」，一同在治療關係的流裡，解構、建構與發現。

為什麼關係學派的人能夠安然取用這樣革命性的工作態度呢？其中一個答案應該就是敢於思考，敢於對話，敢於革掉自身與他者心裡理想化的命，創造機會讓被分析者能夠在分析治療中活出自己的生命、自己的語言。舉一個脈絡為例，我們有時候會面臨到一個頗為科學性的問題：「什麼是精神分析？什麼不是精神分析？」這是非常重要，也應該一直都要被問的問題，它的答案往往不是一個本質主義者思想中的固定答案，而是一個實用主義者，隨著觀察與思考應運而生的演繹性答案。本質主義者問出來的氛圍極易隱含著

「什麼才是正統，什麼才是對的」的問題在其中，但那恐怕會讓問題變成是有傷害性的，傷害著我們人文科學的進化。

進行精神分析的工作，除了極其重要的框架如時間與空間之外，我們是使用自己的心智作為工具來工作的，除了自身被分析與受訓的重要性與必要性之外，終身的、對於工作歷程的反思，還有對於臨床工作的研究、重訪與理論檢視，都需要一種「分析師與自己的關係以及與可對話的同事的關係」，關係取向的這一群人建立了如是典範，因此我們得以從本書中讀到不同的理論與其應用。

在我們這個特殊的領域裡，精神分析師私領域的出現總是讓人很緊張，在紐約與這群分析師，如喬蒂．戴維斯（Jody Davis）、潔西卡．班傑明（Jessica Benjamin）、佳麗特．阿特拉斯（Galit Atlas）、路易斯．阿隆（Lew Aron）、埃德里安．哈里斯（Adrienne Harris）、艾爾．羅茲馬琳（Eyal Rozmarin）等等聚在一起的經驗是：他們對自己在分享私領域的面向上有一定的放鬆程度；在那些對話裡的感覺是：分享的內涵基本上還是與工作相關的，雖不諱言偶而會有脫軌過度的情況，但大家也都能淡然以對地修正與接納。我印象深刻的是，參與他們的活動常有玩笑、淚水、紅酒、餐點、嚴肅的爭論以及爽朗的笑聲。

筆者有多位在美國一同受訓的朋友被問起自己工作的取向時，他們會說「大寫 R 的關係取向」，這樣的回應會讓同是精神分析領域的聽者直接聯想到的是：「可以和他們有多元的理論對話」、「通常會有較鮮明的政治立場」、「善於瞭解他人且表達犀利」、「不吝於自我揭露與分享自我反思」、「無論你是誰，我們來平等的對話」等想法，我希望在此分享這個部分，能夠有助於讀者在閱讀的時候感覺得到「此人的態度」，而非只有思想的堆砌，不然就太可惜了。

本書是輕鬆易懂的，與晟和我針對文本的幾個不明之處進行討論與澄清，我向來欣賞與晟總是會想要顧及讀者閱讀的經驗，以此作為翻譯的考量。除了因為這些分析師們都是好朋友而使得外國人名有點多以外，本書的內容可說是近代精神分析思潮很具代表性的概述。

林俐伶

2023 年 2 月於台北

【導讀】

屬於我們這個時代的精神分析

• 魏與晟／本書譯者

前言與致謝

首先要感謝心靈工坊的努力，在繁體中文出版市場可謂中流砥柱，讓新的、重要的知識得以流傳，並滋潤這片土地。也要感謝臺灣精神分析學會諸多前輩付出莫大的努力，讓精神分析能在臺灣留下歷史的痕跡，尤其橫跨數十年的經典精神分析著作之翻譯，讓我們這些後輩有機會走一遭理論的巡禮。特別感謝臺灣精神分析學會理事長，也是審閱這本書的林俐伶分析師，她從美國帶回來的經驗，為本土精神分析又增添了新的氣象，讓各式各樣新的思維活絡起來，使我們有動力繼續走下去。因為這些基礎，我們現在才有辦法在這邊談論當代精神分析的樣貌，與國外沒有時差地跟進時勢潮流，同時反思在地經驗。

本書原文書名為「關係革命」，因為它可能顛覆您對精神分析的既定印象，但與此同時，本書也整理出一些非常受用的當代精神分析實務議題，包括是否要做自我揭露、情感解離的普遍性、要如何處理創傷等等。稱「革命」，也意味著要推翻什麼東西，而本書確實也大量批判了古典精神分析的一些概念，但我希望大家在閱讀本書時能理解到，那些批判並不是要論對錯，而是每個理論發展都有其獨特的脈絡所致。

老實說這本書不太好讀，不是因為其用字遣詞不平易近人，而是因為它與過往的精神分析有所不同，加入了大量後現代的概念。也因此，我們會遇到了一些跟後現代有關的閱讀障礙，透過以下的一些發想，希望能協助讀者更容易地吸收這些知識。

關係取向精神分析與當代精神分析的樣貌

老實說，就算是國內的精神分析學界，也不太熟悉關係取向精神分析到底是什麼，然而這卻是當今北美最蔚為風潮的學派，為什麼會有這樣的落差呢？是因為語言隔閡而產生知識上的落差？或是精神分析在本土發展時，較多採納英國模式？又或是如同關係取向自己的說法：被邊緣化（marginalized）？我認為，有很大一部分的原因在於關係取向精神分析已經邁入後現代的範疇。知識一旦進入到後現代，就很難提出清楚的理論模型（這也是後現代的核心價值），取而代之的是更為抽象與解構的概念，像是互為主體論、社會建構、去中心化等等，這讓精神分析的初學者比較難掌握，導致大家對關係取向的印象相當混沌。

若從「當代精神分析」這個詞彙切入，也許會比較清楚。首先是印象上的問題，「當代」貌似與「古典」對比，古典精神分析讓人有些刻板印象，像是分析師面無表情、非常被動、會說一些高深的話語等；相反地，當代則是較有人情味，時常討論治療關係，甚至有些主動技術。當然，我得強調這是印象上，而不是實際狀況。

第二，是症狀學的問題。過往精神分析以處理精神官能症為主，隨著時代演變，現在臨床上所遇到的棘手個案，通常是人格障礙患者，這使得古典精神分析的一些技術必須做出大幅度的修正，精神分析與心理治療的界線因此開始模糊。我們可以籠統地說，古典精神分析是針對精神官能症族群特化的知識，而當代精神分析得面對許多不同的症狀，得做各式各樣的妥協，並與其他系統彼此合作。

再來是理論上的區分。精神分析百家爭鳴，也有各式各樣的派系，國內常見的就有克萊恩、獨立學派、自體心理學等等。然而當代精神分析由於已有前人的理論基礎，所以較多跨學派間的理論比較，或是依照不同情境、不同症狀，祭出不同學者的理論，畢竟任何理論都不是普世準則，都僅是描述特定臨床族群的特定現象。這種不堅稱某特定理論的價值，而視情況對不同理論比較與選用的狀況，是當代精神分析中較為常見的。

關係取向精神分析是現在進行式，當然可以視為當代精神分析的一環。關係學派常被戲稱為紐約學派，並不是沒道理——除了當代特色，它確實緊扣著某些美國文化脈絡，加入了更多後現代的論述，也帶點左派的色彩。真要我形容的話，關係學派跟古典學派，就好比是好萊塢拍的劇情片跟法國獨立製片廠拍的藝術片，大家各有所好。

北美精神分析的歷史

精神分析引進美國時，主要是由精神科醫師傳播的，而後與精神科醫師訓練綁在一起。當時傳入美國的思想，以及其後移民到美國的分析師，大部分都把握著自我心理學（ego psychology）的道統。佛洛伊德當時為了鞏固精神分析思想並宣揚第二拓譜學模型（也就是本我、自我、超我），費了相當多的功夫強調性本能、潛意識、內在衝突。但傳到美國後，卻結合了一些基督教保守主義色彩，形成了大家刻板印象中冷漠、疏離又具有權威性的精神分析。

這中間有許多文化與翻譯上的誤會。歐洲語言有許多描繪微妙感情的字詞，在英文並沒有對應的詞彙，所以精神分析翻譯成英文，其浪漫程度就大打折扣，從抒情文變成教科書。舉例來說，援引臺灣精神分析學會前理事長楊明敏分析師常說的，德文 Gleichgültigkeit 這個詞被英文翻譯為 indifference，有「冷漠」的意思，但德文的原意較偏向「公平性」，指的是「必須對自我、本我與超我保持同等的距離」；前者是帶有權威色彩、去人性的話語，而後者其實是具有研究家精神，甚至充滿人文的底蘊。這種翻譯上的落差，遇上當時的時勢與文化，造就了美國特有的「精神分析霸權」。具聞當時美國所有的精神科醫師都只能受精神分析的訓練。一黨獨大的情況下，出現反對聲浪也就理所當然。而後出現的學派，無論是寇哈特（Kohut）的自體心理學、以蘇利文（Sullivan）為首的人際關係學派、荷妮（Horney）的文化精神分析，以及我們現在談的關係學派，都企圖找到一條更符合人性、更務實的道路。與此同時，精神分析也正經歷相當大的變動，臨床上的症狀學正在改變，古典精神分析的技術在面對嚴重人格障礙患者時已不適用，學校、社區機構亟需心理專業的介入，在在都加劇了「精神分析已經過時了」的印象。

因為這樣的歷史，以及當時從美國引進國內的論述，導致精神分析在臺灣部分人的印象中，也成了高壓、古板、冷酷並且過時的學說，人們跟著想像與批判那些自己不曾經歷過的精神分析壓迫，透過這種方式在自身的知識圈中複製了他國發生的歷史衝突。我也不禁想著，這樣的衝突到底來自於外在還是內在？有沒有可能精神分析自然而然地坐上父親的位置，就如同佛洛伊德被詬病為父權一般，霸佔著社會對於父親的想像，而接受這樣的投射就像是精神分析的宿命，承接大家潛意識中對於嚴厲父親的想像？

閱讀後現代的困難

我們可以說，關係取向精神分析其實就是後現代主義精神分析，後現代並不是特定的理論，而是二十世紀中期開始的一連串思維浪潮，席捲了宗教、哲學、藝術等領域，當然也包括精神分析或心理治療界。

由於後現代的理論通常是後設視角，這種視角會把事情複雜化與多元化，而非單純化，例如互為主體性、社會建構論、解構與重構等等，都是基於批判、討論、組裝各種現代主義的理論而起。也就是說，若我們不熟悉現代主義的理論，以及相關發展的歷史背景、爭論，就無法透徹瞭解後現代主義所要表達的立場。什麼是「現代主義」，而什麼是「後現代主義」？我認為最好理解的方法是，把前者想像成是「有形」，而後者是「無形」。拿精神分析的理論作舉例，如佛洛伊德的第一、第二拓譜學、克萊恩的心智位置理論、柯恩柏格的自戀－邊緣性人格結構，這些都是能夠用圖畫出來的有形理論，那麼像是互為主體場域、移情－反移情連續體、第三方空間這些無形的理論，就比較偏向後現代。

國內在引進心理治療理論時有個斷層，由於是由國外引進理論，所以我們沒有走過那段現代主義的歷史，沒有遭受霸權打壓，也沒有批判、掙扎過，就開始學習後現代的知識。國外年輕一輩的學習者也遇到同樣的問題，還未理解現代主義的根，就品嘗到了後現代主義的果。我常發現許多初學者把後現代主義想像成是一套既定的操作技術，而不是一種思維，畢竟要把握有形之事比無形之事要來得簡單許多，造成許多「圖文不符」的現象。我也想反覆提醒讀者，現代與後現代兩者絕不是互斥的關係。

後現代精神分析的轉變

我試圖從兩個角度來說明後現代主義對精神分析的影響。第一是在理論上，由「單人病理」轉換為「雙人共構」；後現代主義很重要的指標是「解構」與「去中心化」，意思是說我們無法完全以單一的理論框架來解釋一個人的內在心智，無論是耳熟能詳的「防衛機轉」，或是克萊恩學派所說的「心智位置」（偏執／類分裂位置－憂鬱位置），或其他的理論模型，都不應放得比案主本人更高。同樣，精神分析也不應把人類內在心靈結構擺在最優先的順位，還要考慮各式各樣的外在因素，像是創傷、文化、政治等等。由於這些因素同時也在治療師身上存在，所以過往所有的理論都不再具有宰制性，而精神分析的實務是由個案與治療師在脈絡中共構出來的。

第二點，是在技術上或描述治療現場上，從「單向詮釋」轉換為「互為主體」。事實上精神分析在治療技術上，一直都有很多的轉變與修正，從最古典、企圖描述潛意識衝突，後被詬病為一人心理學的「起源學（genetic）式詮釋」，到後來較為注重關係，注重描繪此時此刻動力的移情詮釋，已經在技巧的方向、重點、概念上有很大的修正與沿革。如同移情的概念不斷被修正，反移情也從一開始認為應該被禁制，到後來我們習慣用「反移情工作」，來透過自身的情感捕捉個案的情感。從這邊開始，其實就已經有互為主體的味道了。個案與治療師兩人被形容成一種配對，在這兩個主體各種經驗面向的互動之間形成一個「現象場」，如果就自然科學來說，這個現象場可能充滿化學鍵、原子、電子、引力或是化學反應等等，而在精神分析或心理治療的現象場，則是情感、回憶、遐想、移情動力、自我狀態等等素材的變化，而探究這個現象場，就變成後現代取向技術的重點。

後現代的觀點無疑把精神分析更為複雜化，而非簡單化。在這種後現代脈絡中，我們找不到一個清楚的理論標竿依靠，不確定性的焦慮因此蔓延開來。若套用比昂（Bion）的概念來說，要去擁抱後現代，得要有很強的「負性能力」（negative capability）才行，忍受許多不確定，在沒有答案的旅途中前行。

精神分析中幾個重要的後現代概念

一、敘事

精神分析是可以與一些大家較熟悉的後現代術語做結合，例如敘事（narrative）。這個概念在後現代精神分析中非常重要，因為當我們說起建構或共構，通常都是透過創造敘事來達成的，無論是過去經驗或是夢，其實都是藉著敘事而得以在治療室中重新建構出來。也如同敘事治療強調的，我們的敘事其實是「社會建構」下的產物，在心理治療的互為主體關係中，治療師與案主共同創作（co-create）著新的經驗。

然而精神分析在使用這個詞上，還是與其他學派有很大的差別；精神分析觀點的敘事是「動力性敘事」，它強調的不是敘事文本本身的重構，而是把敘事的概念加入原本精神分析的操作中，也就是重構移情－反移情的現場；精神分析看的不只是意識或外在現實層面，而是包含潛意識、非語言、精神現實層面的敘事，而這樣的敘事會隨著治療中的移情、對創傷的回憶、案主的自我狀態等等因素不斷改變，成為具有流動性並蘊含著此時此刻意義的載體。

二、主體性

講到後現代主義，就必須提到主體性（subjcctivity）這個詞。這個詞在我們的文化中不常被提到，多少會有種外來語的感覺，卻有很重要的意義。主體性強調的是每個人的經驗都是整體、值得尊重且獨一無二的，過往把人拆解成各式各樣病理機制的做法可能過於片面，忽略了許多情感與經驗面向。而心理治療也被想像成是互為主體的，意思是治療師與案主都是有情感的人，在治療中，這兩個人會擦出各式各樣的火花。

本書中特別強調治療師「追蹤」自己主體這件事情，因為在過往的精神分析中，雖然有「用反移情工作」這類的概念，但治療師本身各式各樣的特性卻被忽略，這可能會導致在這個複雜情感互動的現場中，有許多經驗被扭曲或沒有被真誠面對。主體性是相對客觀性（objective）的詞彙，也許淺白一點來說，就是「從自身出發」，而非追求「客觀證據」；對於唸過人文科學類研究所的人，我認為最好想像的方式就是「自我敘說研究」跟「實證研究」的差別。想要追蹤或探究自身的主體性，自我敘說其實是相當好的方式，那是建構自我主體認同的開端，將會非常大幅度的影響治療師的信念、態度以及在移情、反移情中所做的各種決定。

三、批判主義

批判主義也是後現代相當代表性的思維，只是這在國內沒有被很明確地論述。批判主義不是批鬥主義，因為批判的對象通常不是別人，而是自己。若我們時時對自己所屬的社群、所使用的理論提出質疑，那麼它們就能處於一個流動的狀態，擁有進步的空間。精神分析如同其他擁有百年歷史的理論，常常會陷入教條化或是一言堂的困境，推崇某些特定理論，同時撻伐異己。然而，正是經由許多人的抵抗與辯論，更多嶄新的思想才能夠誕生，進而塑造出當代精神分析的樣貌。所以批判主義並不是在論述理論的對錯，而是讓新的思想不斷流入到系統中，讓大家能夠不斷往前進。

批判聽起來容易，做起來卻很難，反思能力、自我批判、被別人評論，這些都意味著挑戰自身的自戀性。人要能夠超越自己的自戀，或警覺於自身慣用的防衛著實不容易，因為這挑戰了一些伴隨我們一起成長的、根深蒂固的價值觀。當某個人或某個理論被捧為「大師」時，往往也意味著僵化與體制化。不過，也許因為精神分析的歷史夠久，所以雖然感覺像是霸權文化，卻從來不是一言堂。精神分析學圈中，學者們想法南轅北轍，許多文章都是用來批評另一篇文章的，這使得這個老骨董現在還走在時代前端。不過，這也讓精神分析的初學者很苦惱，因為大家對於學習的想像，常常還是停留在追求如公式一般的真理，而不是花時間看一堆人吵架。

內在與外在

我們討論後現代時，會遇到一個類似陷阱題的狀況。由於古典精神分析（其他心理治療理論亦然）在建構自身理論時，必須要強調心靈內在機轉，而代價就是相對地切割了外在現實。這是多方因素造成的結果，包含當時的社會脈絡、哲學觀，以及在理論建構初期不得不作的妥協。而這麼做通常都會造成一個嚴重的後果，那就是忽略外在現實。我們很難想像當時精神分析「只談內在不談外在」的氛圍，就如同批判精神分析沒有人性一樣，讓許多人起身要精神分析或整個心理治療界正視「環境創傷」的存在。隨著兩次次世界大戰結束，各種人權概念開始抬頭，社會擁有更好的社福制度，我們才能夠去正視各式各樣真實存在的創傷。

這樣的脈絡下，最典型的例子就是社會建構論，強調問題是來自於外在的建構，進而發展出「問題外化」這樣的技巧，企圖把強加於自身的價值觀從自己內在剝離。然而這樣的思維很可能會讓我們不小心陷入了「內在」與「外在」對立的二分法中，誤以為內在的知識不再重要。心理治療是相對複雜的情境，若只是單方面這樣做，其實又落入了精神分析最初對於不要「建議／暗示（suggestion）」以及「行動化」的警告，因為對精神分析或心理治療來說，戰場在治療室內，而非治療室外，如書中提及在關係取向精神分析的治療歷程中，過去的創傷、曾遭受的權力結構不平等，都會重新在治療內上演，而治療師也無可避免地被逼著去扮演案主內在的角色，我們稱為治療關係、移情或「共演」（enactment）。關注這些內在或關係性的、此時此刻的動力，才是我們最能發揮專業價值的地方。後現代主義這些去中心、互為主體、解構制度的概念，在心理治療中是被應用在對內在結構與關係感受的覺察，讓我們更理解那些細膩的、無法言說的情感互動。

討論到對內在的重視，這邊有個非常大且嚴肅的論戰，那就是當代精神分析到底有沒有必要放棄「驅力理論」或是泛性論這些過往為人詬病的觀點呢？這並沒有正確答案，而是隨著各國的歷史、民族性與社會文化的不同而不同。但我們的社會事件、政治創傷、選舉、教育、環保等議題，底下真的沒有性或是驅力在作祟嗎？我對此保持懷疑。縱使對後現代主義而言，性是被「建構」出來的，然而許多佛洛伊德的古典假設（雖然多處需要修正），仍然可以精確地描述當代社會發生的現象。

如同心智化概念所提及的，無論是哪個時代，我們都會傾向去看外在，因為比起內在，外在更容易用行動掌控。自從創傷、環境、母嬰關係、依附理論、社會建構這些概念加入精神分析後，大大豐富了精神分析理論的精緻度與立體感，唯有結合這兩者，我們才能確實看到一個人實際的樣貌。

精神分析、政治與意識型態

無論是左派或右派，都有可能淪於意識形態，當一種思維變得過度極端，最大的特色就是沒有辦法容許別人有不同於自己的觀點，甚至想要消滅反對者的觀點，也就是獨裁。臺灣精神分析學會前任理事長周仁宇分析師也曾指出，精神分析師溫尼考特（Winnicott）與費爾柏格（Fraiberg）曾論述過，「民主」是心智成熟的指標，因為民主代表著能容許多元的聲音；而「獨裁」則代表了原始心智，不願於離開全能自大幻想的一言堂。在美國精神分析常常被與右派綁在一起，像是女權運動興起時，精神分析就被批判為是父權中心的理論；而佛洛伊德對「性倒錯」（perversion）的概念，就常常被拿來幫基督教的反同主義背書（事實上從佛洛伊德的書信集中能發現，他本人對同性戀相當友善）。現下北美正流行後現代主義，多元性別與種族議題也成為進步的里程碑，然而在這種氛圍底下，精神分析更容易成為眾矢之的，被想像成是獨裁的霸權。

由於歷史脈絡不同，我們與本書作者庫查克博士看到的風景也不同。我們沒有經歷過南北戰爭，但我們有屬於我們的創傷，例如在追求社會平等的時候，還不斷面臨極權政體的威脅。當然，這種獨裁不只是個政治單位，就如作者所說，那會滲透到我們的內心，把這些創傷在代間傳下去，讓我們在民生、教育體系等等的次系統底下，都不斷面對到過往極權的遺毒。這不只是制度上的不平等，還參雜著許多自戀、認同、倒錯的內在動力在其中，在意識與潛意識中形成一個極其複雜的創傷結構，不管加害者或受害者方，都還有一段漫長的轉型正義要走。

臺灣精神分析的發展脈絡某種程度上與美國相反。由於國內心理學知識起飛快速，而精神分析算是相對晚引入的理論，並一直處在非主流的位置，而不是「霸權」，以至於精神分析對各類事情都留有餘裕思考，在討論心理治療中的「情感」、政治創傷、性別以及各類新興議題也不落人後。但即便如此，精神分析還是很少實際參與社會或政治行動。精神分析始終站在一個困難的位置上，因為它希望人們思考而不是行動，而思考常常等同於受苦。受苦在某種層面上，就是在忍受與消化不同的意見，這些歧見可能是我們自身無法理解的卓越思考，也可能是原始的破壞衝動。

無論你是左派或右派，我希望關係取向精神分析能帶給大家更民主的思維，更能忍受痛苦，也更能接受不一樣的聲音；與此同時，我們能更反思自身，更能與各式各樣的情感接觸，並且把這樣的情懷用於思考超出自身的社會、政治、全球情勢等等的狀況。我也想再次提醒，當代社會面對比以往更嚴峻的挑戰，由於科技越來越進步，獲取的資訊量也越來越大，無論是理論或是人類都越來越複雜，我們一方面對社會越來越疏離，一方面又有更多的情感與困境需要想想。我們要邁入後現代，就得接受複雜性與多元性，這未必是令人舒服的事情——因為這會不斷地挑戰自己固有的世界，然而卻也因此，這會是場振奮人心的新冒險。

紀念

路易斯・阿隆

（Lewis Aron）

1952-2019

致謝

我想念我的朋友盧（Lew，編按：即路易斯．阿隆），他是我所認識的最好的老師、最有熱情的同事和最棒的關係取向精神分析的啟蒙者。他走了之後，我們的心田與心靈都更加寂寥，但也因為曾經認識他，而感到無比充實。我把這本書獻給盧。

致大衛．佛洛爾（David Flohr），他渾身解數地支持著我並讓我的生活變得更好。謝謝你一直以來陪在我身邊。

還有我親愛的朋友與同事們，佳麗特．阿特拉斯（Galit Atlas）與莎琳．麗芙（Sharyn Leff），他們是我的讀者、支持者和充滿愛心的批評者。妳們兩位都是出色的分析師和思想家，用獨一無二的方式幫助我把這本書變得更好。你們兩位在用各式各樣個人與專業的方式，如此慷慨地支持著我，如果不是因為有妳們在，我根本寫不出這本書。

莎莉．比約克倫（Sally Bjorklund）多年來一直都是我的密友與同事，她對理論卓越的知識與洞察力，讓她成為我所認識的人中最敏銳的思想家與讀者。她對本書的慷慨貢獻意義非凡。我摯愛的好友與最信賴的知己希拉蕊．格里爾（Hillary Grill），我們自從念研究所時就認識，她在我的生命與工作中無可取代。她一直在我心中，我心中許多的想

viii 法，以及作為分析師的發展，甚至是本書的許多部分，都有她的影子在。還要謝謝我的好友兼同事卡琳・歐爾曼・梅耶爾（Caryn Sherman Meyer）和艾崙・法瑞（Ellen Fries）。

我永遠感激國家心理治療研究中心（National Institute for the Psychotherapies）對我智性上的啟發與專業上的陪養，以及每一位董事會成員的友誼、同儕情誼、支持與啟發。尤其要謝謝你們，瑞秋・索佛（Rachel Sopher）、艾美・施瓦茨・庫尼（Amy Schwartz Cooney）、肯・法蘭克（Ken Frank）與馬克・蕭爾（Marc Sholes）。這本書中許多點子是在與你們的討論中萌芽，以及我其他精神分析的社群中提供的意見。然後，我在紐約大學心理治療與精神分析後博士學程的朋友與同事們，以及在關係取向觀點系列叢書那才華洋溢的共同編輯者們，雅德利安・哈里斯（Adrienne Harris）與艾爾・羅茲瑪琳（Eyal Rozmarin），以及我在史蒂芬・米契爾關係取向研究中心（Stephen Mitchell Relational Study Center）執行委員會與董事會的所有朋友們，謝謝你們。

潔西卡・班傑明（Jessica Benjamin）與哈澤爾・伊普（Hazel Ipp）一直是我的好友，也是我撰寫此書與各種領域重要的資源提供。也感謝安德魯・沙繆斯（Andrew Samuels）與鮑勃・米勒（Bob Miller），在想本書的標題時他們給了很棒的建議。然後我想謝謝 IARPP 董事會成員的團隊精神和對教學、學習與傳播關係精神分析的承諾，特別是我的朋友東尼・巴斯（Tony Bass）和瑪格麗特・布

萊克（Margaret Black），我也有幸以其他身分與你們一起
工作，還有佩姬．克拉斯特諾波（Peggy Crastnopol）、蘇 ix
西．納比奧西（Susie Nebbiosi）跟查娜．烏爾曼（Chana
Ullman）。還要感謝安雅．貝姆（Anja Behm）精心翻譯了
佛洛伊德的一些未發表的信件——以及她對各個項目的巨大
幫助，還有卡羅爾．托松（Carol Tosone），她是紐約大學
斯里爾社工學院 DSW 學程的主任。

還要感謝莉莉．斯威斯特（Lily Swistel）跟約翰．加勒特．坦納（John Garrett Tanner）給了如此棒的編輯協助，還有坎佛圖書的前主編羅德．特威迪（Rod Tweedy），以及現任主編布雷特．卡爾（Brett Kahr），他們邀請我撰寫這本書，並在一路上都提供慷慨的協助與指導。而我與出版總監克里斯蒂娜．維夫．佩里（Christina Wipf Perry）以及出版經理莉茲．威爾森（Liz Wilson）的合作非常愉快，她們兩人彷彿有無止盡的耐心、慷慨與支持。與訂製出版社的朱莉．貝內特（Julie Bennett）相處也很愉快。感激赫希與阿德勒當代藝術中心（Hirschl & Adler Modern）的泰德．霍蘭德（Ted Holland），以及勞倫斯美術（Lawrence Fine Art）的霍華德．夏皮羅（Howard Shapiro），提供本書（美版）封面的圖像與著作權。

最後，我要對我的個案、督生與學生至上最深的感謝。認識你們每個人，並與你們一起工作，是我莫大的榮幸。

【第 1 章】

001 引言：啟帆航向新大陸

> 精神分析其實是個充滿活力的臨床活動，它不斷地重塑著自身，隨著參與者的不同以及發展的演變，有了不同的經驗與關注重點，持續為原本的方法學尋找新的意義。
>
> ——史蒂芬・米契爾[1]

從 1970 到 1980 年代，女權主義、酷兒研究與後現代思
想（主體性、可誤性、用相對的經驗來取代被假定為普世
皆準的客觀真實或抽象原則）陸續出現，許多心理健康界
的人士開始主動加入早期懷疑論者與直接批判論者的陣營，
批評古典精神分析在人類發展與功能上，充滿了階級式、專
制主義、北美式、白人中心、異性戀主義的觀點（Shapiro,
1996; Levine, 2003），而在這之前，精神分析頂多被詬病為
002 不瞭解女人，最糟的狀況大概也只是被說成是厭女主義而已
（Mitchell, J., 2000）。同性戀在當時被認為是一種性倒錯，
甚至是一種可以被診斷的病理，當然，直到最近幾年，變性
的人們才被認為基本上可以是「健康」的個體，能藉由接受
精神分析式的治療，來處理他們「明顯的病理」之外的任何
問題。

即使是對精神分析這個專業態度更寬容與正向的人，也開始意識到這種以詮釋為主的客觀主義觀點是有侷限的，這種觀點有著全知全能的權威性，認為分析師自己比起病人自己更能瞭解其心智。美國與其他國家在 1960 年代的革命背景下，由於個人賦權的興起以及上述非主流團體的出現，對於精神分析的批判聲浪越來越多，這些批判不只來自外界，也出自精神分析學界內部。正是在這種脈絡下，以及為了抵抗那些非精神分析取向療法（像是認知行為治療，這些療法憑著對快速、基於實證研究、系統化的操作與對療效的允諾，在市面上越來越流行），關係取向精神分析學派（Relational psychoanalysis）因應而生。

非精神分析取向的心理健康工作者與普羅大眾，比起精
神分析取向者，似乎更熟悉古典佛洛伊德、榮格與／或拉岡 003
學派的觀點，至於為何會如此，可能會超出本書的範疇，也許是因為現在只剩下大學的心理學系、英語系或哲學系會教授精神分析的理論。精神分析已不再是碩博士或機構訓練中最廣泛被教授的觀點，但如果你／妳想要接受精神分析師的訓練，卻必須取得心理學、社工或是精神科醫師之類的碩博士學位才行。

本書將進行一個罕見的嘗試，我們寫作的主要對象是臨床工作者與理論學家，無論是精神分析學界內或外的人；但同時也能適用於非專業讀者，本書可當作在介紹精神分析中最令人興奮並且相對較新（雖然已是三十年前的論述）的觀點。而對於那些已經熟悉關係取向精神分析的人，我希

望本書可以當作基本教科書，用以介紹或回顧一些重要的概念，並對那些想要檢閱原始或補充資料的人，提供詳細斟酌過的引用資料與參考文獻。在撰寫本書時，至少就我所知，這是市面上鮮少對關係取向思考（Relational thinking）的介紹用書之一，這些思考是來自於葛林柏格（Greenberg）與米契爾（Mitchell）他們具有開創性的文章（1983，雖然這篇文章所介紹的東西被後世理解為小 r 的關係取向精
004 神分析，不過它會演變成本書後續提到的各種概念），而後被路易斯・阿隆（Lewis Aron, 1996）、保羅・維赫特爾（Paul Wachtel, 2008）接續，斯寇尼克（Skolnick）與華沙（Warshaw）編輯（1992），羅文塔爾（Loewenthal）與賽繆爾（Samuel）所編的合輯（2014），康奈爾（Cornell）與哈加登（Hargaden）在溝通分析（Transactional Analysis, 2005）中對於關係綱要的文章，以及巴斯尼斯（Barsness）的編輯工作（2017）所發揚光大。本書可能是關係學派第一本入門書，也因如此，在本書中會提到關係學派的創始理論，也會提到早期創始人對這個觀點後續發展的新思想，以及新一代關係學派思想家的觀點。本書中所有的理論材料都有輔以臨床案例呈現，也總結了各領域需要更進一步研究與強調的想法。

「關係」這個詞彙的最早用法

傑・葛林柏格與史蒂芬・米契爾（Jay Greenberg and

Stephen Mitchell, 1983）試圖區分客體關係與人際精神分析的不同，他們把前者視為內在心理理論（intrapsychic theory），而後者並不那麼強調內在世界的重要性，轉而把重點放在互為主體性（intersubjective）以及此時此刻的連結（here-and-now relating）上。他們率先創造了「關係」這個詞，以做為在不同理論的團體中，識別共同主題的方法，這些團體在之前並不被認為彼此有關，也沒有被統一起來過。[2] 每個被劃入 r 關係（relation）這個大傘底下的學派（包括人際關係學派、客體關係學派、自體心理學派、互為主體 005
論學派）都強調，要把人當作在社會脈絡下具有的嵌入性（Embeddedness）的個體（而非孤立的個體）來看待。但是到米契爾第一次出版個人著作（1988）時，他開始用 R 關係（Relation）來指涉他發展出的新觀點，這個觀點有些地方與他之前和葛林柏格在 r 關係取向精神分析這個標題底下的看法有重疊，但也有些地方不同。

如上所述，米契爾的新觀點源自於把（尤其是費爾貝恩〔Fairbairn〕的）**客體關係理論**（關於內化的客體與其相關的內在心理現象，像是德米特里耶維奇（Dimitrijevic）在 2014 年的文章中所討論的）融到**人際關係精神分析**（Mitchell & Black, 1995; Stern, 2017）中，變成一種比起談潛意識幻想，更強調人際關係、此時此刻、治療室內動力的學派，同時也加入了女權主義、酷兒、性別議題與其他社會、哲學議題，以及最近的政治議題、跨文化議題與依附理論（見第 8、9 章）。這種新的且擴展的觀點被稱做「大寫 R」的關係取向精神分析，用以區辨米契爾原本對於關係這個詞的用法（譯按：為了中文翻譯上的方便，Relation 於本書中視文脈譯為「關係取向」或「關係學派」）。由於其起源地，關係取向精神分析有時候又會被稱做紐約學派或是北美關係取向精神分析，但實際上它的影響範圍不只是北美，而是擴張到了全世界，這要歸功於國際關係取向精神
006 分析協會（IARPP, the International Association for Relational Psychoanalysis and Psychotherapy），這是米契爾在他 2000 年意外過世前創立的組織（Kuchuck, 2017）。

希望區分大寫 R 跟小寫 r 的關係沒把大家弄得太混亂（在書寫上應還能維持住區辨度，但是在發音上真的就很難分辨），因為等等還會有更混亂的地方，令人難以捕捉、教授以及學習這樣的思考方式。請大家注意，到目前為止，我都是用「觀點」和「思考方式」這兩個詞，或是根據米契爾的說法，一種「敏感性」，而不是用比較常用的「理論」或是「學派思維」。因為並沒有一個單一關係取向精神分析存在，沒有一個成文的規則或權威協定來統一所有認同自己是關係取向的人。取而代之的是，當史蒂芬．米契爾率先使用這個詞後，他就馬上邀請了他的同儕們，包括路易斯．阿隆、托尼．巴斯（Tony Bass）、菲利普．布倫伯格（Philip Bromberg）、潔西卡．班傑明（Jessica Benjamin）、瑪格麗特．布萊克．米契爾（Margaret Black Mitchell）、喬蒂．戴維斯（Jody Davies）、伊曼紐爾．孟特（Emanuel Ghent）、詹姆斯．福賽吉（James Fosshage）、尼爾．奧爾

特曼（Neil Altman）、艾爾文·霍夫曼（Irwin Hoffman）以
及其他許多我將會在本書中引用的學者一起加入，來定義與
擴展這個新方向的精神分析思維（大部分的人來自於紐約大
學心理治療與精神分析的後博士學程，他們在 1988 年開設
了關係取向精神分析的第一系列課程，之後有更多人加入，
並在 1991 年創建了第一部關係取向的期刊——《精神分析 007
對話》〔*Psychoanalytic Dialogues*〕，也在 1990 年開始有了
第一批關係取向的系列叢書）。在這方面，關係取向可能是
在精神分析眾多取向中，唯一一個不是由單一創始人所建立
的取向。

由於上述種種，以及在本書之後會提到的其他原因，我
們將檢視每個參與者對於理論影響的重要性，他們每個人
在概念化理論與實務技巧上都有一套獨到的主體性（這是
為了避免特定的技術好像就只能在僵化的詞語中存在）——
所以我們才會把米契爾在 1988 年發現的精神分析取向稱
之為是觀點，而不是理論或學派。關係取向精神分析有幾
個普遍的特色，包括像是內在心理與人際間的辯證性移動
（dialectical movement，這種想法混合了客體關係與人際關
係理論，再加上一些實務工作者的經典觀點，不過與傑·葛
林柏格不同〔Aron, Grand & Slochower, 2018a, p. 35〕，米契
爾本人則堅持他正在發展中的觀點絕對不能包容古典的驅力
理論），當然要去承認互為主體性，就無可避免去談到分析
師的主體性與多樣性，以及其他我們會在接續篇幅中所談到
的各種變項都會受到影響（Aron, 1996; Harris, 2011）。儘 008

管如此，每個關係取向的分析師都還是會用他們自身獨到的方式，來定義和實踐這些觀點。舉例來說，皮茲爾（Pizer, 1992）與斯洛霍瓦（Slochower, 2018a）就有講到各個重要的關係取向思想家，是如何把溫尼考特（Winnicott）的理論轉換成關係取向的版本，融入自己的工作中。在幾年前 IARPP 的研討會中，喬蒂・戴維斯（2008）就描述說，第一世代的關係取向精神分析師就好像是「移民」一樣，他們不滿於自身的「精神分析家鄉」，而試圖出航去尋找新大陸，並在「關係性浪潮」[3] 下靠岸。

我相信有其他因素造成了理解關係取向精神分析的難度，對我們領域的工作者來說，從大學的課程到碩博班的精神分析訓練計畫，都得從佛洛伊德開始研讀，沿著時間順序讀到當代，這可能是由於各式各樣的因素所導致，例如政治因素、忠誠度、對於其他分析師或導師的認同，或是伊底帕斯焦慮（就像我在炫耀我的佛洛伊德底子很深）；改變很難發生，很難被接受，也很難被傳播出去。大部分的人要不是資深的臨床工作者、老師、督導、機構主管，或那些曾在過去三十年間寫作與領導精神分析的人，就是在這關係性浪潮開始發生與散播前，接受精神分析或心理治療訓練的人。除此之外，關係取向精神分析受到各種學派思想的影響（像是
009 當代佛洛伊德、當代比昂學派的場域理論、互為主體論——這是古典自體心理學的一個分支）。事實上，把關係取向的思維理解成一種觀點而不是一個獨立的理論，也許能減少精神分析取向的學習者們心中的阻抗，在感覺需要忠於教義或

是所屬的學派與機構之外，也可以整合進一些關係取向的想法。讓精神分析能夠多元化的其中一個新方法，就是別再思考與辯論不同學派間的優缺點。關係取向精神分析師史蒂芬·庫柏（Steven Cooper）就曾用「橋梁理論」來描述不同的概念彼此如何跨越邊界，整合成一個新的取向（Cooper, 2016），他這種說法也許更能把我發散的想法講得更清楚。

但對於一些正式在研究或學習關係取向精神分析的人來
說，有著各家理論的分支而不是只有單一的學派思想，無疑
是更加複雜，因為後者可以有「一體適用」（one-size-fits-
all）的準則，在教學上更為方便。這可能這也是為什麼關係
取向會如此缺少介紹或概論類文章的原因。此外，小寫 r／
大寫 R 的「關係」並沒有把事情講得更清楚，反而帶來了
更多混亂。而且一如既往，在我們的領域中，對新的思維方 010
式總是存在著抗拒。舉例來說，曾經就有忠誠的基本教義派
者，認為是米契爾與他的同儕引入了基進的後現代觀念，來
挑戰佛洛伊德與其追隨者發展出的古典觀點，直到現在這個
狀況依舊持續著。

由於關係取向精神分析在久遠的精神分析歷史中相對較新，所以打從一開始許多精神分析圈子就不認為它能夠算是精神分析，因為關係取向強調的「中立性」（neutrality）是不可能的，且它還強調除了潛意識與本能趨力外還有其他重要的東西，同時對自我揭露也不忌諱，還有其他種種的原因（見 Mills, 2005, 2012 and 2020）。上述的狀況在某些案例上確實如此，雖然這些案例的細節可能沒被好好研究與

理解過（Aron, Grand & Slochower, 2018a, 2018b）。此外，關係取向的想法對在北美以外的一些地區來說還相對陌生。隨著關係取向開始發展，本書已提到、以及接下來要提到的概念，撼動了整個精神分析界。這也是為什麼米契爾與他的同儕會感到自己參與了一場革命（Stolorow, Brandchaft & Atwood, 1987; Mitchell, 1988）。

雖然隨著時間的推移，像是橋梁理論已較能被接受，但現在仍可感覺到這場革命的餘波所帶來的震撼感。對一些精神分析的學者來說，無論是否是關係取向的人，這種情況仍
011 在繼續，成為一個創新的、不斷發展的框架。我們之前講到關係取向的那些特徵，若跟古典理論相較權衡，還是屬於較新穎的，並且持續在精緻化與演變中（尤其是參照第八章與第九章的內容）。明白不管是小 r 還是大 R 的關係取向精神分析都是張大傘（Harris, 2011; Stern & Hirsch, 2017），涵納了許多從其他理論取向來的「移民」（Davies, 2008），而不是單一、統一的理論，以及隨著文化因素的轉變，我們對性別、性，以及其他主體自我的理解持續擴展，為我們開創無限發展的可能性。在結束教授與學習關係取向思維有多複雜這個話題前，我想要再次強調，在新一輩關係取向的崛起與傳播，與老一輩更資深的同僚、老師、培訓主管所學的精神分析之間，有著很大的鴻溝存在，不過我也會在本書的其他部分詳細闡述這些主題以及教學方法上遇到的挑戰。

本書希望提供一次性的簡要介紹，來回應上述這些挑戰（這是我們所出版的這新系列教學叢書所被賦予的任務），

希望能幫助到新手與有經驗的臨床工作者，同時也讓多少熟
悉關係取向精神分析的讀者受益。接著簡短的介紹本書的用
語。在本書中我會把精神分析師／精神分析與治療師（或心
理治療師）／心理治療這些語詞交互使用。我會都假定讀 012
者是個對這個主題有興趣或曾受過一點進階精神分析訓練的
臨床工作者（無論是剛畢業或已取得執照）。而對於性別用
語，除非是那些我想明確指涉特定性別的情況下，我已經盡
最大的努力讓他（he）、她（she）或他們（they）之間相對
對等。

拋開書本吧！

艾爾文・霍夫曼是個很有影響力的人際關係與關係取向學者，他在 1994 年整理了一系列精神分析師的理論，並在 1998 年再版，包括在關係取向浪潮前的分析師瑞克（Racker, 1957）與西爾斯（Searles, 1959），以及下一代的吉爾（Gill, 1983）、列文森（Levenson, 1995）、奧格登（Ogden, 1986）與波拉斯（Bollas, 1987），還有之後與關係取向精神分析演進有所貢獻的雅各（Jacobs, 1991）、艾倫伯格（Ehrenberg, 1992）以及其他人，這些人在文章中都說自己背離了「正確」的精神分析式技術或傳統。他們每個人都在探索那種在所信奉的精神分析理論與實務適切性中的掙扎感——通常他們感受到的就是得常常克制他們「冷漠的傾向」（dispassionate interest）（Searles 1978-79, p. 183）

或之類的感受，取決於他們自身的理論認同與其相關規範
013 而定。霍夫曼把這種現象稱為「**拋開書本吧！**」（1994, p. 188），意思是說，我們在工作時若是硬要採取一種專業姿態，反而會與我們平常工作的方式背道而馳，在一般的狀態下，治療師更常被自身的主體性——也就是所有與治療師有關的身體、心理或靈性有關的面向所嚴重影響著。

治療師不會如教科書一樣硬邦邦，也不會完全把自己所學的理論與技巧拋諸腦後，在理想狀態下（實際上通常是不經意間），治療師通常在教科書與更個人的投入、自發性、真誠性、本能選擇、情感表達等等的感覺之間做辯證性的遊走。至於這個過程中有多少是刻意的，則取決於治療師與個案兩人的狀態與所處的時刻而定。我們會在第二章中更詳細談到，所謂的理論總是被分析師的主體性所渲染。若要為此或為「拋開書本吧！」舉個精彩的例子，可以參考菲力浦．林斯特羅姆（Philip Ringstrom）是如何即興並運用自身與伴侶工作（2012, 2014）。與之有關的是，我認為我們假設有非此即彼的狀況而必須要選邊站，這件事情是非常奇怪的。就像霍夫曼重複強調（1998），不受紀律拘束的自發性、彈性但扎實的理論框架與清楚的角色分野，是透過社會接觸而非精神分析而達成。一個人只能在一開始透過閱讀書本上的
014 理論，才能思考自己要不要——或如何（暫時的）把理論拋開。另外也許很明顯但至關重要的一點必須要去強調——什麼東西必須「留在書上」或拋開，大部分是超出我們意識能控制的範疇，而更多的是取決於我們接下來，尤其是第四章

要講的內容。

本書的結構

在隨後的章節中，我將概述我認為最重要的內容，也就是大 R 的關係取向精神分析的核心概念。當然，其中一些概念與小 r 的關係取向觀點有重疊和／或來自某些特定的學派想法。在**第二章**中，如上所述，我們會聚焦於**分析師的主體性**。分析師的主體性在多年來都被忽視，在精神分析中被認為是不具代表性或甚至被視為禁忌的話題。關係取向精神分析為了讓這個領域重返檯面做了許多探索，因為這在雙人心理學（two-person psychology）的工作中是如此重要，所以我們得在下一章中好好定義與討論它。**第三章**會討論**自我揭露**，這是我想談的另一個領域，這個主題在精神分析界中曾經是個禁忌，就算現在，在非關係取向思維的場域中也仍然是有爭議的話題。我想探討那些反對治療師自身刻意曝光的論點，探索到底為什麼要使用自我揭露，並介紹一個新概念：「沉默性的揭露」（silent-disclosure）。而在**第四章**中，我們會探討**互為主體論**這個複雜的主題。互為主體這個詞有許多不同的意思，有時會彼此重疊或是衝突，所以必須對它做一些定義。跟這個詞相關的概念有共創（co-creation）、分析式的第三方（analytic third）、社會建 015
構論（social constructivism）、相互性（mutuality）還有不對稱性（asymmetry），我們也會一同討論這些詞彙。

在第五章中，我們會思考三個相關卻又獨立的研究領域：**解離**（dissociation）、**多重自我狀態**（multiple self-states）、**創傷**（trauma）。就像這裡所討論到的，解離是個從精神分析創始時就存在的概念，接著有段時間幾乎沒人談論，但近年來人際關係與關係取向的理論又大幅的把這個概念撿拾回來。同樣地，創傷在精神分析理論與實務中也一直是個問題很多的概念，我們會重新回到費倫齊（Ferenczi）的觀點（1949）並進一步用關係取向的思維來發展它（Davies & Frawley, 1992）。**第六章會聚焦於共演**（Enactment）。在該章中會詳述，關係取向的觀點最主要的貢獻就是認為有些潛意識，尤其是那些最為遙遠的（而不是潛抑最深的）素材，僅能夠透過每次治療中無法避免的共演來重新找回，也因此得以讓分析工作使用。**第七章**中談到**了依附、情感調節與身體**。有些人認為，若有個單一理論可作為所有關係取向學者汲取靈感的來源，那就是依附理論。而這章會探討與依附理論相關的研究為基礎的典範，以及其與情感調節和身體感受之間的重疊性，當然這也是需要進一步研究的領域。

016 **第八章談種族、性別與性**，以及**第九章思考總結：對未來的願景**，會討論到我認為關係取向精神分析在現在與可見的未來中，要如何在理論與臨床議題上面對這些最緊迫的社會問題。在這兩章中（如上所述）會對關係取向精神分析理論最新的發展做些分析，從我們的個人經驗到世界動向的觀察，包括了對於制度性種族主義的意識覺醒、廣泛傳播以及遲來的社會恐懼，而另外一面是對於白人優越性遲來的理解。我也將檢視精神分析作為一個專業，要如何協助各式各樣世界變化議題所帶來的排斥與壓迫，包括因新冠肺炎（Covid-19）造成全球人民生活型態突如其來的轉變，以及氣候變遷和其他社會與環境議題。另外在第九章中我也會概述一段相當新穎且獨特的現象，來自對我在新冠肺炎疫情期間的工作狀況之批判與反思，更重要的是，這些發展會如何有助於我們更進一步的學習與成長。

我也試著將本書中有提到的概念與更大的關係取向文獻連結在一起，所有的內容都有詳細的引用出處，同時為了紀念史蒂芬・米契爾與其第一代關係取向同僚的精神，本書每個章節開頭都會援引一段創始或關鍵的關係取向作者和／或當代精神分析取向作者的的一段話。此外，為了定義的明確 017
性，每個主要的理論概念都會以粗體標記，之後跟著一段或一系列的定義解釋。在第二章的尾聲我設計了一個練習活動，讓讀者透過活動的思辨過程，能夠直接把分析師的主體性這個概念應用在自身的思考與臨床工作中。在第三章的結尾，我則為「沉默的揭露」提供了一個臨床案例。在這之後的章節中，為了能讓理論融入臨床工作，對單一個案的討論會遠比不同個案的短暫臨床片段還要來得更有深度，也為了表達關係取向各種概念中異曲同工的性質，所以我們在第四到八章中會以一個名叫米雪病人，來當作我理論或臨床工作的範例。

如果您是剛接觸關係取向精神分析和心理治療的讀者，

希望本書的主題能讓您感到有趣，並對您的思考與臨床實踐有所幫助。我也期許讀者中能夠有些人能像我一樣，發現這些想法還是持續有著革新性，或至少感到刺激甚至是興奮。而對於那些已經熟悉這個取向的讀者們，我希望接下來的內容能幫助大家更進一步的定義、釐清與深化您的理解與實務應用，或者也許，在寫作、教學或尋找與這個取向有關的文獻材料時，能夠有所幫助。

---

1 Stephen Mitchell (1995), *Hope and Dread in Psychoanalysis*. New York: Basic Books

2 本章的部分內容曾發表（Kuchuck and Sopher, 2017），經國家心理治療研究中心（National Institute for the Psychotherapies, www.nipinst.org）許可，在此轉載。

3 譯註：關係的浪潮（the relational turn）指的是在這個時間點，當代精神分析關注的重點有所轉換，從客觀主義轉換到互為主體性的關係視角。

【第2章】

分析師的主體性 018

> 個案試圖尋求與分析師之間的連結，想要瞭解分析師，想去刺探分析師專業外表底下的東西……就像是孩子試圖尋求與父母的連結並想穿透他們的內在世界一樣。探索個案對於分析師主體性的經驗，是分析移情時常常被低估的一面，但這是讓我們能夠看見治療關係中的細節並做出詳盡解釋至關重要的面向。
>
> ——路易斯．阿隆[1]

精神分析的理論——或其他的理論，永遠無法從設計、解釋、應用它的人身上真正被獨立截取出來。在我們的場域中，理論總是渲染著治療師的主體性。就像第一章中所定義 019
的，這會與治療師的身體、心理或靈性的感受有關。主體性當然與反移情（countertransference）有關，但後者僅是前者的次類別而已。史蒂芬．米契爾（1997）提醒我們，精神分析取向強調此時此刻的治療架構，在這之中，人與人自我的不同部分與內在客體世界會有很多的互動，可能在彼此之間，也可能在彼此之中，而分析師的主體性總會在這些互動中浮現。治療師自身的內在客體與被解離（dissociated）的部分，也會與個案的那些部分相遇，此時治療師也得以靠近自身那原本被解離的自我狀態。米契爾強調，上述這些互動背後都有著治療師自身的生命經驗作為底蘊，治療師自身的經驗反過來也會決定治療師如何聽見、處理與回應個案帶來的素材。

史蒂芬・米契爾（2000）在他為專業讀者寫的最後一本書《關係性》（*Relationality*）中，簡介了漢斯・羅華德（Hans Loewald）的理論（1960, 1974, 1977, 1980），並闡明他的理論與關係取向之間的連結，我認為這對找回治療師主體性很重要。羅華德認為瑪格麗特・馬勒（Margaret Mahler）所說的共生階段（symbiotic phase）並不只是在嬰兒期這種早期發展階段才有，而是一種人類組織經驗的方式，會持續一輩子，用以消除自我／他人、內在／外在、幻
020 想／知覺之間的分野。換句話說，嬰兒、幼童或成人不僅僅只是在執行一個**次級歷程**，用以切換認同、分離、內化客體；而是在一種**初級歷程**的經驗中進進出出，在這種經驗裡自我與他人是溶在一起的。並不是我把客體納進來，而是客體就是我：我們不是被裁剪出的片段，而根本是同一塊布。換句話說，父母與之後的客體並不會被經驗為分離的存在——我們會把母親的情感當作自己的去感受，把母親的思緒當作自己的去思考，而不會認為那是個分離的客體。

許多證據指出這種初級歷程會出現在治療室中，舉例來說，在治療師與個案感到他們在共同創造彼此，以及共同創造各種在治療中的時刻——就像是奧格登（1994）所說的

「分析式第三方」的概念（參照第五章）。試想很多時候，當您與病人工作中欣喜的出現了「新的」想法、詮釋等等的事情時，不論那是發生在幾天前、幾週前甚至是幾年前，都會記憶猶新，這就是很好的例子。在這些例子中，我們無法很清楚地區分某個想法或感覺是屬於個案還是治療師，或者兩者都有。再說，我們怎麼知道我們感受到的東西就是屬於我們的，而不是個案的呢？投射（Projection）與投射性認同（projective identifications）就是很好的例子，告訴我們這並沒有這麼容易分清楚，同樣的我們也可以說這是認同作用（identification），又或這只是單純我們在另一個人面前，感受到了不屬於我們的強烈情緒而已。同樣的，反推到個案身上，他們帶來的議題或表現的態度、想法與感覺有多少又是源自於我們呢？但是我們能從分析配對（analytic couple）交融在一起這件事情上學到什麼呢？我們能藉此更能夠找到自己的主體性嗎？或充其量只能部分地幫助我們釐清移情－反移情（這在之後的章節會提到）或其他的動力呢？

定義

如果我們不把治療師的主體性放在互為主體動力的脈絡中來看，大概永遠無法完全理解這種互惠式（reciprocal）的互動到底是什麼（參考第四章中對於互為主體性的討論——簡單來說，就是兩個人彼此會互相影響）。儘管如此，由於精神分析是始於一人心理學（one-person psychology），對某些人來說，他們還是認為精神分析主要來說還是以一人心理學為重——意思就是，精神分析必須得保持關注個案的主體就好。而我認為，關係取向或其他分析師藉由檢視分析師自身的主體來矯正這樣的風氣，是非常重要的事情。此外我最感興趣的還是：治療師的生命事件、危機與其他個人因素會如何影響個案？如何影響治療師在治療室中的基調？以及這些治療師自身的自傳與動力式因素是如何與他的臨床決策做影響與互動。

南希・喬多羅（Nancy Chodorow）與潔西卡・班傑明
022 他們兩人曾提過，認為主體與自主性（agency）發展，都與被母親（這個角色之後可能是治療師）認出並理解的感受有關，而母親／治療師會有他自己的主體性在（Mitchell, S.A., 2000）。上述這件事告訴我們，無論我們是處在羅華德與米契爾所說的，彼此之間融在一起的原初歷程中，還是更高階的次級歷程經驗，個案都需要更多來自於治療師的主體經驗，來幫助他們發展出他們自己的獨立性與能動性。就像我稍後會在第三章中講到的，有時候我們會利用選擇性的、刻意的自我揭露來達成這點。當然，還有其他更多的方法可運用。

分析師身為一個人

路易斯・阿隆曾指出，那些被精神分析所吸引而成為分析師的人，會注定被親密感與想要被另外一個人理解的渴望這些衝突給圍繞。阿隆假定在精神分析專業中充斥著窺淫癖（voyeurism）與暴露狂（exhibitionism）的自戀式衝突，這反而比較像是我們的職業規則，而不是特殊案例。他問到：否則，為什麼我們會選擇一種職業，得如此專心去傾聽別人，同時如此沉默隱匿地坐在那兒呢？事實上治療師從來不是隱形的（縱使他們努力嘗試），個案們常拼命地想要瞭解我們，我們每個人心中都有個部分，很渴望被人理解，卻又防衛性地想躲起來，個案這樣的舉動會激起我們很大的焦慮。就算是關係取向或其他取向的治療師，也沒辦法用理論 023
來保護自己免於個人的特質跑到治療中，而必須要跟上述這些衝突與焦慮對抗。更何況，我們的內在還有那些被我們內化的、「真正」古典精神分析的導師、教師與分析師的「鬼魂」在作祟，我們還得花心力把他們供奉起來，以免影響到我們對當代實務的敏感性。

為了呼應這些主題，我想簡短分享一些個人的經驗，講述我自己在學習關係取向觀點的演進與工作中的重點。我把我自己當作是個例子；也許您或大多數我們的分析師、老師或專業上的前輩，也經驗過類似的旅程，我想邀請讀者們一起來想想看，這些旅程是如何影響自己的專業與個人發展，進一步想這些內化過的東西是如何出現在治療室中。[2]

首先，我得坦白我確實曾經深陷在阿隆所描述的那些衝突與焦慮中，而且在早些年前，我還是個初出茅廬的小鬼時，我學會了躲藏。雖然我能夠忍受某些感覺停留在我心中，但另一些感覺（像是憤怒或悲傷）卻不行。這還滿諷刺的，雖然每種感覺都應該是構成我的一部分，但在大多數的狀況，我都很難開放地去面對這些感受。跟性有關的感受，作為一個普遍的主題或情節、作為性別認同的轉向，絕對是要用力藏好的部分。我其實就跟許多同行一樣，之所以會致
024 力於開放地去探索分析師的主體性與生命經驗，其實也只是為了糾正過往個人與之後職業的灌輸所做的反抗罷了。

在很年輕的時候，我就考上研究所並且在機構受訓。就像我的前輩們一樣，這個機構的訓練還滿傳統的，帶有著濃重的美國自我心理學（ego psychology）色彩。我們教科書上寫著同性戀是發展停滯的結果，而所謂健康的成人性發展，指的必須是陰莖與陰道結合並達到性高潮，這樣的異性戀客體選擇是唯一的標準。我沒有聽過有任何的老師、督導或學生質疑過這件事，我也只能對自己沮喪與尷尬的感受視而不見。我也感到滿後悔當時我沒能把這種感覺說出口。

不只是我的分析師，整個精神分析社群與文獻都認為這是我的問題，使我得繼續打一場看似不可能贏的戰鬥：在這場戰鬥中要去改變自己最基本的核心認同，同時又得把這些東西在機構與更大的專業社群眼前藏好。我身上重要的元素被標籤為是變態的（而貼這個標籤的還是我認為具有療癒性、專業認同與發展性的社群）；無論我的性取向如何，就算是最安全的心靈，也會在這種狀況中受到嚴重的傷害。

在這個領域中有著潛規則，督導會一直強調完全並絕對的分析中立性，這件事也讓我無發去發現與嶄露更真實的分

析自我或系列自我（set of selves）（參照第五章多重自我狀 025
態）。在那時候，我們很多人都把中立性理解與解釋為一種
心理治療中的小祕密，而不是一種分析式的專業判斷。祕
密讓人精疲力竭，就像是剝奪感（deprivation）一樣，這種
要藏起來的感覺再次讓我感到非常糟。這種嚴格的節制原
則（abstinence）在躺椅兩邊都會發生——分析師被教導著
要節制而不能滿足個案的願望與需求（像是回答問題、在治
療開始與結束時要避免與個案接觸等等），以免汙染了「必
要」的「空白螢幕」這個黃金標準，進而妨礙了個案的驅力
與幻想的出現——這是當年的主流思想。同樣的，對於一人
心理學的概念來說，分析師的人格被認為只是一個令人困擾
的干擾因素，會影響到那至高無上的「空白螢幕」（Oates
& Kuchuck, 2016）。

其實非常諷刺的是，我們這個專業在不久前（對某些人
來說到現在還是）還有種自我理想（ego ideal）在，認為必
須要把分析師「真正」，或至少是較少被審查（censored）
的自我給藏起來（這些在現在的術語中被稱作為分析師的自
我狀態），這樣才能幫助個案從隱藏中走出，發現更廣闊、
更充實的自我。我早期的老師與督導還曾嚴厲教導過我，要
確保臉上不能有任何表情，治療室的擺設與個人的穿著也必
須要「中立」，這都是為了病人好，分析師的個人需求永遠 026
都該被壓制。如同之前描述的，在那個年代節制原則被視為
至關重要，甚至不惜到要抹除自己的地步。儘管現在已經越
來越少人強調了，但對一些分析師來說，節制還是很基本的

目標。我對躲藏與試圖完全中立這些原則到底對我與同事們造成怎樣的損失是心裡有數的。我也擔心這會造成我個案的損失。我們得接受一個事實，無論我們已經走了多遠，大多數人還是背負著那古老精神分析超我（superego）的殘留物，持續地在傷害著我們的學生與他們的個案（Buechler, 2008）。

在高塔的陰影下

到 1990 年代中期，我開始聽到一些精神分析的取向不再把同性戀視為一種病態、必須要被隱藏的事情，身為直男、同志或其他的性別認同的分析師，並不害怕去跟個案分享（就算不是主動分享也至少不用藏著）篩選過的某些自己的故事或消化過的反移情資料。千禧年末這個時間點，對我，甚至在某種程度上對整個精神分析專業來說，重大變革與成長的基礎被奠定了。然而，在我接觸到具有變革性的學
027 習經驗，讓我更能夠接觸那些被隱藏的感受，能夠對精神分析與這個世界真正感到啟發與敬畏，進而跨越我對身為精神分析師這個認同的諸多障礙這樣大破大立的過程，契機其實是一個非常悲劇、改變了許多人生命的重大事件。在九一一雙子星大廈遭到恐怖攻擊倒塌時，我正在曼哈頓職業，這個事件永久性地改變了我個人與職業生涯（Kuchuck, 2008）。

對於我們大多數的美國人來說，2001 年 9 月 11 號是個案與精神分析師頭一次同時經驗到創傷與再度創傷的日子

（Tosone, Nuttman-Shwartz & Stephens, 2012）。在短短的幾小時——甚至是幾分鐘——我們對這個世界長期以來的感受被永久改變了。我無法再躲起來，許多奇奇怪怪的領域跑進了精神分析的遊戲場，使得這個場域變得更加對等。這場危機促使甚至是逼迫我用更新的方法與個案在一起，包括：對有意無意的選擇性自我揭露更具有開放性（參考第三章）；更能接受相互性（mutuality）的概念，排斥對稱性（symmetry）（參照第四章）；能更敏銳地覺察到治療與共演（enactments）本質上是互為主體的，我們不但無法避免，還更需要正視它的價值（參考第四章與第六章），還有一些其他的改變，我在之後的章節與引用文獻中會再詳細介紹。從災難發生的那一刻開始，經歷隨後的幾個禮拜與幾個
月，我對於自己作為分析師（包括之前提到我內化的那些專 028
業客體）的概念開始改變了，而對這些概念的興趣開始聚集成一種認同，使我最後認定自己是個關係取向的精神分析師（Kuchuck, 2008）。

改變的浪潮

自上述的日子後，我們已經走了更長的一段路了。我們專業已經有了巨大的成長，從一人心理學進展成兩人心理學（參照第三章），後者假定臨床工作者的心理與全部的主體，都會對個案有重大的影響，因此都要考量。儘管如此，在我看來，我們還是背負著許多在人際關係甚至關係取

向蓬勃發展之前就出現的老問題。我們知道並理解治療師的生命經驗與主體性是我們工作的核心。我們取了很多名字，像是「兩人心理學」、「互為主體性」、「移情－反移情連續體」，我們在督導中講了許多想法，在個案報告寫下很多筆記，但與精神分析的其他領域相比，主要或專門關注這點的文章或書籍實在發表得很少。當然，在關係性浪潮發生前就是這種現象，儘管米契爾與他的同事一直有在寫作，但狀況還是如此。由於篇幅不容許我們做個全面性的文獻回顧，所以在本書中關於上述這個主題的引用會遍佈各個
029 章節，包含瑪格麗特・克拉斯諾波爾（Margaret Crastnopol; 2001, 2019）、艾爾文・赫希（Irwin Hirsch; 2008, 2015）、索菲亞・里奇曼（Sophia Richman; 2002, 2014）、亞當・卡普蘭（Adam Kaplan, 2014）、勞倫・萊文（Lauren Levine, 2016）與威廉・康奈爾（William Cornell, 2019），他們每個人都對這個領域做出大膽且超群的貢獻。

為什麼關於這個主題的文章仍相對匱乏呢？我認為有幾個原因：首先，我認為無論一個人的理論取向為何，佛洛伊德的影子都太過於巨大，受他的想法所影響，到現在還是普遍瀰漫著一種氛圍，認為應該禁止分析師對自身的心理投注太多心力，除非那是跟治療無關的事；縱使這種禁令已經被後人否定，甚至只存於潛意識中，還是持續影響著我們。這種不把治療師當成是活生生的人的狀況，可以在更大的文化中看到，像是個案常常會說「我知道這是我自己的事情，跟你無關」或是「我知道你很客觀、中立、我不應該去知道

關於你的任何事」之類的話。一方面來說，這可能是滿好的事情；我們可以致力與個案建立一種不對等的關係，並說服自己說這是為了要與個案工作並幫助個案，而不是為了治療師而設的。為了我們個案的福祉，甚至是為了我們自己的福祉，我們確實需要試著時時控制我們的需求或問題。但另一
方面，在我的感覺上，這只是不願放下對佛洛伊德（至少是 030
美國自我心理學派口中的佛洛伊德）學說的專業認同，防止我們用更廣泛與更必要的方式，把主體性納入我們的學說中並將之理論化。

還有另外一個原因使這個主題的文章很少。像我之前提過的，我們之中有許多人之所以會被精神分析吸引是因為它提供了躲藏的機會，讓我們利用拯救雙親，再來是拯救個案的情操，來成就自身的人格。幹這行的若有很強的受虐傾向，把自己的需求往肚子裡吞以扮演一個照顧者的角色的狀況並不罕見，這就是在一些依附文獻中所提到的「以照顧為名的控制策略」（controlling-caregiving strategy）（Liotti, 2011）。當我們在建構理論、演講或寫作時，會自然而然把這種動力延伸出去，讓我們只關注於個案的心理，而不是我們自己的，就像在我們的童年經驗、受訓歷程、實務工作中所發生的動力一樣。蘇利文（Sullivan）的名言「我們也不過就都是人罷了」（we are all more simply human than otherwise）（1947, p. 7），可能指的是我們身為治療師的認同或意圖，會造成跟瑞克（Racker, 1968, p. 132）所指出「分析式情境的迷思」一樣的分裂狀態，想像一個健康的治

療師在治療一個有病的病人，滿足分析師一個人就能夠完成所有工作的防禦式需求。這種分裂最主要的功能就是把自己能力不足的羞恥感隔離開，讓自己有「噢！我真是全知全能好棒棒」的感覺。這種分裂來自於早年的創傷、培訓過程、
031 我們專業的自我理想與社會壓力，強化了那種「已經被充分分析過」（fully analyzed）的治療師好像很厲害的印象。

無論是出自於臨床考量，還是因為防禦驅使，我們圍堵自己主體性的代價會是什麼呢？喬伊斯・斯洛豪威爾（Joyce Slochower, 1996）認為圍堵（bracketing）與單純的直接忽略（outright negating）治療師的主體性不同——圍堵的意思是，有意識地去忽略或擱置某些想法或感受，讓這些想法或感受不要干擾到臨床工作——雖然我懷疑者兩者之間的界線其實很模糊。如果我們假設 r／R 關係取向的前提是，人類的發展與功能都是基於尋求客體與互為主體性，且嬰兒與兒童會渴望認識父母的心智，才能夠好好發展、成長並認識自己的心智，既然如此，若個案無法認識我們，我們又能如何真正理解個案？如果我們是如此疏離並且防衛性地抵抗著我們自身主體性這個如此重要的元素，我們的個案又要如何來認識與評論我們是怎麼樣的人呢？我上述的這些論點是基於瑞克（1968），莫頓・吉爾（Merton Gill, 1983），一部分碧翠絲・畢比與法蘭克・拉赫曼（Beatrice Beebe and Frank Lachmann, 1988）對母嬰之間互相影響的論述（同樣還有拉赫曼與畢比 1995 年的文章，可參照第七章）、艾爾文、霍夫曼（1983）、阿隆（1996）以及其他人

的貢獻。

追蹤我們主體性的意涵 032

但實際上，認識與被認識我們自身與他人，其侷限性在哪？我們對治療師自身被認識或不被認識的感覺是什麼？而這又會如何影響我們的心智與治療處遇？當個案與分析師同時一起經驗同樣的危機或挑戰時，怎樣的治療行為會增強或減低效果？一如既往，無論是在精神分析專業領域或人生中，問題總是多過於答案，但我能說大多數關係取向的分析師都認為去問這些問題是重要的，當我們詢問自己的內心時，我們與個案間就能更靠近一種開放性的領域，在這之中分析師與個案彼此互相影響，並深化對彼此主體性的理解（我們在第四章會做更深入的探討）。有關其中一些主題的有趣討論（特別是與女性分析師和個案間的認同問題），可以參閱艾辛鮑姆（Eichenbaum）與奧爾巴赫（Orbach）的文章，這是早在關係運動前就寫的文章（1983/2012, chapter 6）。

沿著這條思路，並假設我們能警惕到「我們的主體性是如何影響人」這件事情有巨大的限制——因為主體性（也就是我們是誰）大部分是潛意識的——許多時候我們反而是透過個案給出的資訊，才更清楚我們自己是誰。每當我感受到
某些關於我的事情、介入或任何一個互為主體的時刻讓我或 033
個案感到不舒服時，我就會問一些特定的問題；所謂的不

舒服，可能是在我或者是個案從一種自我狀態轉換成另一種時，或是激起了某種負向或正向的移情反應時；有時當治療陷入停滯或僵局時，還會伴隨著我主觀的認知或身體反應。在這些時候，無論在療程中或在下次療程開始時，我可能會問這類的問題：「你聽到我這樣說時，你會有什麼想法或感覺嗎？」或是「告訴我這件事情你的感覺是什麼？」「你是怎麼想像我聽到你這句話的反應？」最後兩個問句尤其敏感且重要，因為他們可能會說出我們不想要也不想聽的答案，尤其是這些答案是具有攻擊性的時候。

我認為上述的提問或類似的提問，都能夠深化心靈內在與互為主體上的探索，用以追蹤我們對個案造成的影響，否則許多地方我們可能都不會意識到。同時這也幫助個案藉由瞭解我們的心智，來引領他們認識自己的心智。每當我發現自己對這些提問連想都不想去想的時候，或懷疑著問這些問題有什麼用，但其實是害怕聽到提問的答案時，我通常就是在抵抗自己的羞愧感（shame）或是之類的壞客體經驗（bad-object），雖然不是必然，但這也很可能反映了個案有類似的感受。如果這個時候分析師能夠藉此與個案一起探索這個可
034 能性，或是分析師藉由自我分析來更理解自己這種不情願的感覺，都能讓這種感受變為很有用的資訊。

當我們做這些提問時，也提供了一個探索個案對我們主體性的好奇心——或是缺乏好奇心——的機會。個案對我們存在著好奇心，或這個好奇心不見了，許多時候都能變成我們對於個案發展上或診斷上的有用資訊，像是界線、對於侵

擾（impingement）的敏感性、是否準備好把我們視為主體而非客體（參照第四章中班傑明的想法），以及各式各樣的其他動力。這些提問也讓我們能夠在反覆考量、沉澱後，做出選擇性的自我揭露，這種具有分析師主體性的回應，像是：「對，我想你是對的，我剛才有點失焦了，或是感到無聊、想睡或生氣」等等。換句話說，這些提問讓個案能夠表明他們準備好要去想像，甚至想要或需要聽到關於我們的事情。

本章末沒有像其他章節一樣用案例片段來做結尾，而是
附上我在演講主體性這個主題時經常分享的一個小練習。這
個小練習是設計來說明分析師的主體性與我們的臨床選擇這
兩者之間的連結，並將其意識化。把這些問題的部分答案或
全部都寫出來應該很有幫助（雖然不是必要），因為寫出來
經常是找回原本四散的想法或情感的一種方式，而這些想 035
法或情感渲染了我們的實務工作與心智活動（Altstein, 2016;
Kuchuck, 2016）。

【小練習】

分析師主體性經驗

1. 想像一下，某次會談中有個單一、特別的時刻，讓你感到有什麼東西在體內激盪著——也許是一種特別強烈的情感（可能是正向的、負向的或兩者混和），或是一種強烈、明確（也許又有點侵入性）的想法。

2. 你能指出自己生活中的某個時刻——也許是某段回憶，或是跟自己個人特質有關的事情——可能導致或用某種方式促成了你對上述臨床時刻的反應或共鳴呢？

3. 這個來自你生命的時刻，或是你的這些人格特質，是如何影響你在實務工作中，傾聽、回應（沉默的回應或用口語回應）、介入或當機（shut down）的方式？

---

1 Lewis Aron (1991), 'The patient's experience of the analyst's subjectivity', *Psychoanalytic Dialogues*, 1: 47.

2 本章的部分內容以前曾發表（Kuchuck, 2008），經吉爾福德出版社（Guilford Press）和《精神分析評論》（*The Psychoanalytic Review*）許可轉載。

【第 3 章】

自我揭露 036

> 因此我開始會與我的個案們討論，同意說若我有辦法的話，會回答他們的問題。而我也從未對這麼做的結果感到失望。我發現，如果尊重地對待他們並回答他們的問題，他們也會更願意透露自己的幻想與動機。
>
> ——凱倫・馬洛達[1]

背景與禁令

分析師的主體性與自我揭露這兩件事常常被混為一談，這是其他當代精神分析主題未曾有過的現象。與此相關的，也是在本章會講得更清楚的，就是我認為我們應該把自我揭露這個主題，想成是臨床工作者主體性的一個元素或是例子。[2] 早在 1912 年，佛洛伊德就告誡分析師們要小心「直 037
覺式的小聰明」（intuitive wisdom），意思是說我們很可能會直覺式地想要藉由告訴個案自己的事情，來與個案更親近，並藉由自身的示範讓他們揭露關於自己的事情。他警告說，這麼做實際上只會抑制個案的揭露而已。其他像是費倫齊（1949）——許多人認為他是關係理論的開創者，以及後來的西爾斯（Searles, 1959），都沒有太去挑戰這件事情，直到關係學派（Sullivan, 1953）、互為主體論（Atwood & Stolorow, 1984）和關係主義論者（Mitchell, 1988;Mitchell & Aron, 1999）的出現，才開始有所改變。

越來越多這些取向的年輕一輩學者（Maroda, 2005; Aron, 2006），認為謹慎的自我揭露可以且應該是一種解決治療僵局的選擇，儘管在許多情況下，他們仍然需要堅持佛洛伊德最一開始的警告，但縱使治療關係的本質是不對稱的，也應該是更為真誠，更少階級差異關係（見第四章）。儘管一些分析家仍然堅信著佛洛伊德主義的一字一句，但其他人，如以前相當經典的歐文·雷尼克（Owen Renik, 1999），認為精神分析師必須始終「在分析中亮出自己的手牌」（p. 522）。許多人對關係理論的刻板印象是它是一個「怎樣都好」（anything goes）的學派，治療師僅僅只是「講述」（relate）並在那邊談論他們自己，但實際上大多數的關係主義論者會更溫和地認為，有意的自我揭露（deliberate disclosure）是種選項，但僅能在深思熟
038 慮後選擇性地使用（Frank, 1997; Maroda, 2005; Aron, 2006; Bromberg, 2006; Grill, 2014）。這就是本章的精髓。

我想對我們許多人來說，談到自我揭露這個詞的第一個聯想就是，到底要不要回答個案對我們的直接提問？像是個案常常會問我們結婚了沒？或有沒有生小孩？信仰什麼宗教、屬於哪個人種（在治療初期時，我已經不知道聽過多少次個案在我會談室門外低語著：「庫查克」真是個奇怪的

姓氏……）、住在哪裡，哪間學校畢業也常常會被問到，但個人經歷的揭露其實只是其中一塊而已。其實在每次的心理治療工作中，我們都會面臨到是否要在療程中分享自己在想什麼這種問題——若是這樣想的話，其實詮釋或觀察也是種自我揭露，因為我們也是在藉由選擇自己要說或忍住不說一些事情，來呈現自己的某些面向。不久前在一次團體治療中，這個團體個案們會討論一些惱人的關係議題，我給了團體「關係這件事真的是很不容易呢！」這類的回應。幾位成員笑著說：我們好像窺探到你在關係中的樣子囉——這當然是正確的，因為我確實也身處其中。

形式與目的 039

無論你是否有揭露自己對治療室內互動的情感回應、想法或感覺，或無論你是否在治療時間外想著你的個案——像是讀了一本書或看了一齣戲，想著個案可能也會感興趣——這些問題其實都跟理論的選擇與理解有關。本章會把重點放在有意的自我揭露，而不是那種無法避免的揭露，像是穿著、治療室的擺設、在街上不小心遇到個案時要怎麼辦，或是其他那些超出我們意識可控範圍的事情。佛洛伊德的禁令也值得被反覆提及。佛洛伊德認為我們必須要捍衛個案不瞭解我們的權利——即便是他們問我們時也一樣（Kuchuck, 2009）——我們得保持治療的不對稱性，即使我們可能會默默地檢查我們自己的內在心理，但重點仍然要持續放在個案的內在心理上，這樣才能創造一個夠大的心理空間讓個案投射，讓「移情」這個最偉大的目標出現。

但我想最重要的原因是，個案不需要去承受那些童年時期所受到的痛苦，就能換得我們有人性的證明（那就是看到治療師也在用自己的方式，在不完美與脆弱中掙扎著），而藉由選擇性地分享這些事，成為可能傳遞這些經驗的一種管道。**外顯**（*explicit*）地引入我們自己的主體性（如第二章所
040 述，**內隱**（*implicit*）提醒我們的主體性無處不在）能夠幫助個案對他們自身感到好奇，也能促進個案的分離－個體化歷程，在適當的時機使用，還能作為對個案自戀防衛的挑戰；個案在治療中常常沒有辦法跟上我們的思考腳步，能夠觸及自己的父母或童年經驗並因此獲益，但透過自我揭露，能強化在任何良好關係中都存在的互惠性，成為協助個案反思、感受與分享的榜樣，並創造出空間來；若使用得當，我們會感到更能與個案同在並有所連結，而這一切（無論是對個案或是對治療的當下）都意義非凡。

附帶一提，近期的研究也支持並強調自我揭露的必要性（Wallin, 2007）。人類最早期，常常也是最具影響性的經驗，都發生在語言前的時期。依附理論、神經科學和嬰兒研究的發現都指出，這些經驗跟父母無法同調（misattunement）嬰兒的創傷性經驗，以及其他來自照顧者的障礙或侵害一樣，這些生命早期的前言語經驗都不是透過語言在記憶中存取的，而是一堆未處理、未整合的情感和身體感受。因此，精神分析的價值有很大一部分不是

在語言工作，而是在治療中的非語言經驗上，這是透過分析師自己身體上與情感上的反移情反應，以及在治療中的共演（enactments）（見第六章），與個案兩人在無意中共同創造出來的經驗。「那些我們無法用語言表達的東西， 041
會傾向與他人一起共演，並在他人內喚起（evoke）／體現（embody）出來」（Wallin, 2007, p. 121）。這些共演通常是分析師獲得個案早年或創傷性資料的唯一機會，而這些資料至關重要，能夠讓我們理解個案，幫助他們修通前語言或創傷性的經驗。如果沒有認出共演並加以處理，我們不僅會錯失重要的資訊，還會陷入在僵局中，因為未解決的共演只會帶來毀滅性的重複而已。共演只能透過與個案的對話來理解與修通。而常常這得透過揭露我們自身的某些經驗來開創道路。

儘管我想到了很多這種自我揭露的例子，但此時我特別想到了我的一個個案，與她工作時，她會讓我覺得自己被忽視、拒之門外和感到消沉。我發現我無法與她同在，有時候甚至還會覺得惱怒。最終，我懷疑我們可能正在某種共演中，而上述那些感受應該是因為我感覺到了她的某些非語言經驗所導致。我決定克服一些內疚和輕微尷尬的感覺，試著與她分享一些我那消沉的經驗。雖然她之前並沒有用口語表達過這些經驗，但這種揭露給了她一個機會，去辨認出這些跟自己很像的感受狀態，並可以開始反思她對於治療的親密所感到的害怕，以至於把我拒於門外、拉開距離並對我感到不滿，就像她對自己那位過於靠近又嚇人的母親的感覺一 042

樣。一個人在早期依附關係中的經驗，是早在能使用語言之前就被編碼了。這樣共演與自我揭露所造成的效果，讓她開始能理解她的關係模板（template）是如何在我們之間或是她大部分的關係中出現。如果我沒有對她揭露我自己的感受，可能就沒有機會達成這種理解。有鑑於這些新的研究，我認為我們得試著修通自己對自我揭露的阻抗與困境，讓自己能使用這種具有選擇性並有臨床意涵的自我揭露技巧。

當代觀點

任何一個自我揭露都是在表達一些衝突或感受（Cooper, 1998）。也因此，我們可能會假設感到脆弱或是其他強烈的情緒，會引發或抑制自我揭露，或是自我揭露會導致這些感受。每個分析師都會發現自己或多或少被情感影響，而也可以料想有些自我揭露沒有其他感受說起來自然。然而，如我之後要講的，我們並不總是能知道主體性在引領或抑制自我揭露這件事上扮演了什麼角色。

奈特（Knight, 2007）認為，我們必須選擇性地與個案分享感受，有時甚至得讓他們知道，他們的所作所為到底對
043 我們產生了什麼影響，才能讓個案擁有這些感受。她承認要去與個案分享感受可能是件很可怕的事，因為這意味著要去展示之前對個案甚至對自己藏起來的部分。她和其他學者都指出，大部分的個案都想要瞭解、影響與轉化分析師，就像是他們也希望透過治療受到同樣的影響。不僅是個案，分

析師也害怕屈服於這個過程；屈服很容易與受虐性的服從和權力喪失混淆在一起（Ghent, 1990）。在近年來精神分析的文章中，描述親密關係中的脆弱性、焦慮與矛盾的感受是常見的主題，並且許多作者都講到，要揭露自己的情感或其他資訊去展現自己的人性與不完美，就意味著要走下被個案崇拜、理想化的位置，這會讓治療師有種不情願的感受（Gody, 1996; Davies, 2003; Silverman, 2006）。就像是我的一個老個案，有次我自我揭露一些事情，讓我看起來更具有人性且更不理想化時，他用混雜著失望與寬慰的口吻說：「現實生活中的人沒辦法像超級英雄那樣保護你。」雖然知道他說這句話代表了治療上的進展，但我們都為不得不放棄這種被呵護的感受，一起感到失落與悲傷。

我們聽過許多治療師自己患了重病、消失或有其他創傷的感人故事。在這種情況下，主要的挑戰是我們得決定向誰揭露多少東西，同時還保持著誠信與真誠，不傷及個案 044
的心靈空間與臨床工作者自身對隱私的需求（Gerson, 1996; Morrison, 1997; Pizer, 1997）。有一位臨床工作者就曾很傳神地描述到，從她得知必須與工作了十八年的個案結案，到真的說出口的這段時間中，那種感受到底有多孤單（Sherby, 2005）。那種好像藏著祕密的感覺，即便當時的臨床情境必須得這麼做，在某些情況下，對這位臨床工作者與她的個案都有可能造成傷害。這樣的經驗可以成為我們對自我揭露的主體性進行更大幅度探索的基礎，我認為上述的案例對我們要討論的主題做了非常稀有且重要的貢獻。

若硬是要給這些文章一個主題的話，我想那就是我們在
一些臨床情境中，想要做或是忍住不做自我揭露時，或多
或少都會出現一些感覺，那是自戀性（narcissistic）、自我
調節需求（self-regulatory need）、慾望（desire）、不平衡
感（disequilibrium）與脆弱感（vulnerability）混合起來的感
覺，這在我自身的經驗與觀察中獲得印證。這種感覺帶有著
如此典型的自戀特徵，會讓人感到不舒服或不安——更不用
說這種感覺常常是自我不協調（ego-dystonic）或處在潛意
識中——讓它不容易被理解或被公開討論與發表，除非是
偶爾有那種第一人稱視角的勇敢描述（Searles, 1959; Davies,
1994; Eigen, 2006）。我相信去辨認與理解這些自我調節需
求是非常重要的事情——與某些個案工作時尤其如此——因
045 為這讓我們能好好想清楚要不要運用自我揭露，而不是用
一些陳腔濫調的理論為反對而反對（Aron, 1996; Bromberg,
2006; Farber, 2006; Wachtel, 2008, among many others）。

分析師的需求

當我提到分析師的自戀性或是分析師的自我調節需求時（可參照第七章），我指的是那些每天都會發生、不可避免的那種「正常」經驗，像是想要與人連結的關係性需求、需要被讚賞、需要被自己與他人尊重、要有自尊感、情緒平衡、安全感等等只要身為人都會有的需求，而我們每個人都會用自己的方式在工作或其他關係中爭取這些感受。所以我

絕不是在講分析師有那種嚴重自戀性病理的狀況，那只會導致過多自我揭露或過度冷酷，以及其他各種的問題（Finell, 1985）。然而就像之前講過的，分析師想要從特定患者身上獲得特定的經驗，是健康且合理的事情。儘管有些人還是覺得有爭議，但許多分析師仍然認為，我們透過提供精神分析治療來滿足自己的需求，是非常合情合理的事情（Wilson, 2003; Maroda, 2005）。

我們常愛著個案，並被個案所愛著（Kuchuck, 2009）。我認為實際上我們很難清楚區別所謂的「移情愛」（transference love）和「正常的愛」，我不禁想著：愛怎麼 046
會不影響自戀的供給，並激起我們的自戀需求（narcissistic needs）呢？我想說的是，我們工作的本質上是種移情－反移情連續體（transference–countertransference continuum），在當中我們會經驗高高低低的情感起伏，即便是最穩健的心靈，也可能被破壞殆盡。我們每個人都曾在治療的某個時刻或階段，或是對某個特定的個案，感到自己真是有能力、洞察力，甚至才華橫溢；但在接另一個個案後，馬上感到自己陷入僵局、無能為力和失落；甚至在同一次治療中，就經歷了上述兩種不同的感受。或是說，若我們在實踐精神分析，那麼我們就是在投入某種形式的親密關係，而自戀與自我調節需求，會相互激發與出現。在我們自己和個案個人的歷史背景下，自我揭露、隱匿，或這兩者的結合，孕育出了豐饒的情感互動。

自我調節需求是有意自我揭露的重要因素

以下我要提供的條列式表單，可能相當侷限並有限制性，當代精神分析提供給我們的是辯證式的取向，讓我們能遊走在客觀主義、後古典主義、相對主義的世界之間，條
047 列式的東西在思考上可能會是種阻礙。儘管如此，我還是希望您覺得以下的表單有用，可以幫助您開始組織分析師的自戀、自我調節需求、自我揭露或不揭露的傾向之間的關係。如前所述，我相信正是這些因素的組合，在影響著分析師內在對於要不要自我揭露的掙扎。

在討論這些需求時，理論還是重要的，因為理論能協助我們看見與這些需求有關的因素，像是個人或專業因素、個案與治療的二元配對特色、在治療中的時刻等等。讀者們可能也能發現不同或額外的因素；這就是主體性，它是多樣且複雜的，所以這個表單應無法窮盡。此外您可能會注意到，這些列表講的事情在許多情況下是可逆的。讓我們決定自我揭露或是隱藏的內在心理／人際關係動力，其實根本常常是一體兩面。我得進一步警告，最終，我們絕對無法完全知道我們自我揭露或決定不揭露（或任何我們對個案的介入），到底是基於理論考量、我們自己的自戀需求與其相關的動力，還是這兩者或其他因素的結合。正如法蘭克（2005）所說，個人和技術是不可分割的。因此，以下我提供的列表，或本章的整體論點，其實都是描述性（descriptive）的，而

不是規範性（prescriptive）或禁止性（proscriptive）的，並 048
且我假設，往往我們對自我揭露與否最透徹的思考，其實是來自於第三方空間（third space），是一種理論與情感之間經過辯證而出現的答案（Kuchuck, 2009）。

分析師自我揭露的自我調節性理由

1. 想要或需要去吹噓或炫耀。
2. 想要或需要去講自己的事情而不是比較被動地傾聽。
3. 寂寞感、孤立或勞累。
4. 有被鏡映、讚美或被愛的需求。
5. 有種父母化的願望，想去取悅或滿足個案想要瞭解我們的願望。
6. 對於個案移情性的扭曲感到不舒服（像是對我們的理想化或是貶低），或想要控制自己如何被看待的一般性願望。
7. 想要維持自身假我（false-self）的呈現。

分析師不自我揭露的自我調節性理由

1. 想要維持自身假我的呈現。
2. 想要或需要用一種特別的方式被對待——通常與被理想化的需求有關。
3. 想要或需要避開脆弱的感覺。
4. 因為這麼做會有種打破禁忌的罪惡感，好像要跟母親 049
／父親、佛洛伊德、分析前輩、督導、老師、導師們分道揚鑣的感覺。

5. 維持一種分析師是中立且不會自我揭露的自我理想（ego-ideal）。
6. 對暴露感到羞恥（佛洛伊德說我們使用躺椅是為了不被個案盯著看——也許也是為了不想被看見而躲了起來）。
7. 為了權力。

沉默的自我揭露

由於先前我們說到要仔細追蹤分析師主體性造成的影響，而現在談的主題就是為此而做的努力，我試著將自我揭露這個概念，想像成是治療師最內在的一個歷程，有時候——如上述的例子——但當然不總是，我們會選擇性地自我揭露。而沉默的自我揭露，跟沉默的詮釋（silent interpretations）很類似，很可能可以作為內隱性的溝通與療癒手段來使用（Spotnitz, 1969; Ogden, 1979; Atlas & Aron, 2018），並且比較不會有造成侵擾個案經驗的潛在風險。無論要揭露的是治療者的經歷、情感分享、想法或洞察，或任何之類的東西，我相信單純的沉思著是否要做自我揭露這個動作，就可以是治療式舉動的一種，這就與外顯上實際用語言講出的自我揭露有所區別。馬洛達（Maroda, 2003）就曾區分口語的自我揭露與沉默形式的情感揭露（silent forms of
050 affective disclosure）之間的差異，前者我們會冒著擠壓個案敘說的風險，或怕會過度刺激到個案，而後者則不需要言語來表述。

我所謂「沉默的自我揭露」（Kuchuck, 2018）與馬洛達的「沉默形式的情感揭露」（2003, p. 116）在做法上有異曲同工之妙。但我在使用這個新術語時，某些情況下會包含他的描述，而在其他情況下有其他更主要的涵義在。在我的概念中，沉默的自我揭露常常讓我們能接觸到原先無法觸及甚至是隔離的內容。這些內容可能是我們自身的故事或是當前的心理材料，有時候可能是個案不想承認或是投射給我們的東西，或以上兩者的混和，又參雜著一些其他要素。在很多情況下，這類對於揭露的沉思常常會變成奧格登夫婦（Ogden and Ogden, 2012）以及其他人描述的遐想（reveric），並成為找回失去的主體性資料的一種方法。有時候，沉默的自我揭露也是一種我們自身主體性的需求，用以創造與維持內在的空間。對我們這行的人來說，我們都太習慣把持住自己的主體性需求，因為我們必然會優先考量到個案的需求，但這可能是一種有效的方法來暫緩這種傾向，以便思考更多的事情。

這意味著，在治療中當一些覺知或摩擦（Stern, 2004） 051
出現時，若時間和意識允許，有時我會有種被打動的感覺，這時我會默默地在心中嘗試說看看那些我在沉思的事情，作為選擇性自我揭露的一種形式。這種練習未必是完整的概念化，而是且暫且走的歷程，默默地評估著自我揭露是否會有效，或是評估著這個自我揭露給出去後，有沒有（至少大部分）對應到個案能感受到的需求（Kuchuck, 2009）。沉默的自我揭露也有其他部分、次要的意圖與好處。我發現當我在做沉默的自我揭露時，我能夠更有意識地接觸一些情感與想法，進而更瞭解我與個案間互為主體的動力。選擇性的、不經意的、沉默的自我揭露，透過各式各樣的形式，變成我們在治療室中理解自身帶來影響的一種方式，並能評估這些自我揭露做為治療介入的價值。

我認為沉默的自我揭露所帶來的治療效果在於，它能夠讓分析師去連結或回到那些非關意識，甚至是隔離掉的部分，而治療者需要去接觸這些部分，藉此更全面瞭解自己的感覺。另外之前有提到，沉默的自我揭露能幫助分析師更仔細追蹤自身主體性所帶來的影響，當然也追蹤個案對分析師的影響。也就是說，透過默默地「與自我揭露遊玩」（playing with）[3]，分析師得以與一些情感和想法做連結，提醒分析師這些感受可能是個案投射（projected）或分
052 裂（split-off）出來的部分，或是反移情上的連結——像是難過、挫折的感覺等等——這些都是讓分析師知道個案是如何影響著自己的關鍵。若用客體關係的語言來說，沉默的自我揭露可能可以照亮那些先前沒被認出的（unidentified）、內化（internalized）的自我與客體表徵。

謹慎、選擇性的自我揭露可以作為一種選項，可以且應該被用作解決治療僵局，以及加強與個案間的相互關係，以讓治療更真誠、更少階級感。然而如之前討論過的，關係學派無論是內部或外部都有批評的聲音，指出在當代精神

分析中過度強調分析師的主體性，尤其是在跟共演有關的議題上，若分析師想在治療中有意的自我揭露，可能會矯枉過正。如前所述，我相信這些批評都是基於對關係學派思想與技巧上的誤解。但同時，當我們正沉浸在分析師主體性的重要性中，以及與自我揭露相關的議題中時，也許也確實駛離古典精神分析太遠，有必要再重新關注個案的內在心靈領域，以及相關之移情與反移情材料的流動。

就跟沉默的詮釋一樣，沉默的自我揭露代表著治療師， 053
在用不那麼侵擾的方式檢視與使用自身主體性，與更具表現性、可能具有治療性但可能得冒著突兀風險的選擇性自我揭露之間，有一個中介空間（middle-ground）存在。我並不是說這兩者是對立的，這兩者是不同的歷程，也是不同的介入方式，有著不同的目的。反之，我引入沉默自我揭露的概念，作為一種對於內在探索與靠近臨床工作者自身主體性的概念化，以跟選擇性的自我揭露作區別。

最後一些想法

我又想起了蘇利文（1947）所講的「分析師就只是一般人罷了」（p. 7）這句話，這點對我們與個案都一樣，當要做選擇性自我揭露時，我們必須要問自己，在這次治療中，或是整段分析療程中，我們自身到底有什麼特殊的需求被激起、被挫折或被滿足了？在依情況而異、依個案而異的基礎上，縱使是毫無頭緒或是只有事後檢視才弄得清楚的狀

況，我們還是得冒險去瞭解與感受那些令我們不舒服與恐懼的事情，這種感覺會在我們開始好奇並開始接觸自己的這些
054 需求時升起，並發現這些需求是如何影響著——甚至是決定著——我們與個案間，到底要分享或是保留。

就像其他作者強調治療中的相互性與分析師的主體性，我也相信除了那些太過病理學的解釋、權威性的剝削或其他惡性的互動（Finell, 1985）外，對分析師有益的事情通常對個案也是有益的，在治療中，其中一方的成長與進步通常也會在另一方身上同時發生（Maroda, 2002; Salberg, 2010）。儘管在治療中我們一向謹慎行事，但未經檢視就一味隱藏並不是治療的原則，而且這對我們與個案都不健康（Kuchuck, 2008）。當我們從隱藏中走出並治療性地展示更多真實的、有時沒那麼理想化的自己時，我們與個案會發現，那些不完美與犯錯都是人性的一部分，這在很多情況下甚至會促進治療的進展——或至少能幫助彼此忍受並存活下來。透過在經驗中學習，我們不必逼自己要表現得如同那些過時的理論與令人窒息的自我理想一樣好，我們可以有偏見、個人判斷、未解決的議題與其他的不完美（這些事情可能需要、只能透過自我揭露來與對方溝通），而即使這樣我們也還是夠好的（good-enough）[4]，甚至是非常棒的分析師，而這些感受能緩和與治癒治療中的雙方。追蹤我們自身自我調節的起伏，可以導致、伴隨或禁止這些自我揭露，無論這個揭露是選擇性的或沉默的，都能讓個案與分析師在更自由、更安全和更互惠的治療空間中成長。

臨床片段 055

喬納森是一位四十八歲的男子，在過去十年中接受一週兩次的精神分析取向治療，他在這次治療中正談著母親的疾病，以及母親在身體與心智上都開始退化的事情。聽他講這些時，我感到跟他或跟這個治療都有點脫節——就好像我在外面遠遠的聽他講話一樣——我沒有辦法在情感上跟他連結，縱使我想要且相信我得這麼做才對。但在治療的某個點（大概是治療到一半時），我發現我的思緒飄到了我自己的母親身上，我開始想著她並想到她與強納森母親有類似的遭遇。我記得曾經在某次治療時，強納森想要多瞭解我這些事情，而我也傾向選擇性的分享。在這難得的機會中，我不經意地，或更可能是選擇性地揭露了自己一些個人的經驗或故事，而他回應我，說他感到很感激，並感到與我的連結更加緊密。

由於想起了這件事，我決定要選擇性地對他揭露一段我
與母親現在的生活，但當想到的話要說出口時，我的眼淚卻
開始滑落。這個時候，我決定不要有意地自我揭露（儘管我
可能已經不經意地揭露了）——因為這可能對我或對個案來
說都太難調適了。儘管如此，這樣的沉思讓我能找回原先自 056
己隔離掉的部分，藉此我們更專注於當下並更能察覺到我與
個案間互為主體的影響，我的內在客體被攪動，而個案很可
能也是，而在這沉默自我揭露的過程中，我們可能正在經驗
那失去的主體性資料，或一些我們沒有意識到的動力。

1 Karen Maroda (1991), *The Power of Countertransference: Innovations in analytic technique*. Chichester: John Wiley & Sons

2 本章的部分內容以前曾發表（Kuchuck, 2009, 2018），並分別經吉爾福德出版社和《精神分析評論》以及國家心理治療研究中心（National Institute for the Psychotherapies, www.nipinst.org）許可轉載。

3 譯註：這裡應該援引自溫尼考特的「與現實遊玩」（playing with reality），玩的意思是在過渡空間中互動。

4 譯註：取自於溫尼考特「夠好的母親」（good enough mother）之用法。

【第4章】

互為主體性 057

> 我將要發展這種看法……把互為主體性定義為一種相互認識的關係——在這種關係中每個人都能把他人經驗為「類主體」（like subject），是另一個可以「從中感受」（felt with）的心智，但在感受與知覺上又是有所距離、各自獨立的實體。
>
> ——潔西卡・班傑明[1]

互為主體性的起源

湯馬斯・奧格登（Thomas Ogden, 1994, p. 4）把溫尼考特（1960, p. 39）的名言「沒有單獨嬰兒這回事」（there is no such thing as an infant，因為談嬰兒時無法不談母親的照顧）做延伸，他認為「沒有單獨被分析者這回事，因為被分析者不能與分析師切開來談；同樣的也沒有單獨的分析師這回事，因為分析師也無法與被分析者之間的關係切開。」這種母親－嬰兒的配對是一種兩個獨立主體間存在的 058
張力；兩個主體一起創造了第三個實體，這個張力的實體有著自己的動力、韻律與特色。同樣的，分析師－個案的配對也會共同創造出「第三」個實體。在這臨床情境中的兩人一起參與了這個互動的經驗，並從一定程度上感覺到這個互動好像有自己的生命一樣。奧格登把這種在分析師與個案間彼此相互、互惠的影響中誕生出的思考、感覺、幻想、身體感官與遐想，稱之為**互為主體式的分析式第三方**（intersubjective analytic third）：關係性的第三方，或簡稱作第三方（third）。這種第三方是一種辯證式的張力，存在於分析師與個案這兩個不同的主體間。我將會在下面的篇幅中對這個概念有更多的討論。

奧格登對互為主體的概念借鑒了安德烈．葛林（Andre Green）提出的「分析性客體」（analytic object）這個概念（1975, 1978）。而葛林的概念又是借鑒了溫尼考特「過渡客體」（transitional object）與「潛在空間」（potential space）的概念。葛林認為「分析性客體」是第三個客體，是分析師和個案在潛在空間這個設置下，從中交會和溝通的產物。這個概念強調了分析空間的潛力和中介性質。換句話說，分析師和個案都參與了一個交流領域，在其中意義能被雙方不斷共同闡述（co-elaborated）出來。巴倫哲（Baranger, 1993）用了另一種空間式的隱喻，提出「**分析性場域**」（analytic field）的概念，這對這一系列思維也有非常重要的影響力。這個概念認為在精神分析中，分析師在
059 情感上與體感上都會與個案浸淫在一個共享的場域中。如果我們不去細看個案和分析師的相互影響、雙方的原初客體（通常是指父母）以及其他那些個案和分析師在日常生活中發生的要素，就無法真正理解個案。在本章中，我們會再次

發現詞語的定義是何等困難。這是個殘酷的命運，因為在精神分析中許多核心理論（還有一般人認為的精神分析，以及精神分析圈子之外的其他學門），都被賦予了多重、不同、有些重疊或容易混淆的含義與名稱。「互為主體性」這個詞也是如此。所以在本章中，或是在整本書中，我將概述關係學派對互為主體性一些較為常見與重要的理解方式，因為這個概念已經儼然成為關係學派的核心思想。

先前提到奧格登主要是把互為主體性定義為第三方的生成（thirds），至少他相當強調這個面向。而班傑明（Benjamin, 1988）與奧格登不同，她把互為主體性看做是一種發展成就，在這種互為主體的過程中，嬰兒一開始把母親（若在治療情境中，就是個案與分析師）當作是自己的延伸，而之後慢慢進展到把母親當作是一個（可以滿足自己需求的）客體，最後，如果發展順利的話，嬰兒開始能知道母親是一個主體——是一個有別於自己的個體，有著自己的需求、衝突、意見、當務之急等等。

阿隆（Aron, 1991）與班傑明（1988），或是在班傑明 060
之前的史騰（Stern, 1983）看法一樣，認為互為主體性是一種發展上的成就，在成長過程中嬰兒學會並理解自己與他人的主觀心智狀態（subjective mental states）。阿隆關於分析師主體性的著作中，時常寫到那種一個孩子渴望去瞭解與被瞭解的感受，以及分析師自身對此的掙扎（見第二章）。我們將在本章稍後探討他對互為主體性更多的貢獻。不過史托羅洛、艾特伍和奧蘭治（Stolorow, Atwood and Orange,

2002）認為互為主體性並不是一種發展成就，而是一種母－嬰關係（或是分析師－個案）間的假設，這兩個主體從嬰兒出生開始就無法分割、深深地相互連結。所以心理現象從來就不是單獨內在心理機轉的產物（母親／嬰兒、治療師／患者個人內在的心理動力），而是這種二元配對互動在內在與外在世界中相互融合而產出的結果。單索（Dan Shaw, 2013）在他的重要文章中就講述到，父母透過引導性地強化自身的主體性，來幫助孩子的客體化歷程（objectification），讓孩子能慢慢發展出把他人視作為另一個獨立客體的能力。

互為主體性這個術語應該是由史托羅洛、艾特伍和羅斯在 1978 年引入美國精神分析界的，但之後它的語意就越
061 來越混淆，像是史托羅洛、艾特伍和奧蘭治（2002）以及其他作者們認為它是精神分析界內其中一個學派的理論思想，他們稱之為互為主體性理論（intersubjectivity theory）（或互為主體系統理論〔intersubjective systems theory〕，簡稱 IST），當然這就很容易與史托羅洛和他的同儕，以及奧格登還有我引用過的其他人所講的互為主體性有所混淆。在本章的剩餘部分，我將繼續探討互為主體性的概念，以及共創（co-creation）、分析式的第三方、相互性（mutuality）、不對稱性（asymmetry）、社會建構論（social-constructivism）等這些與互為主體有關的理論。

共創

歐文・雷尼克（參見 Renik & Spillius, 2004）認為要理解互為主體性，就必須先理解一個關係學派思想的核心概念——共創（co-creation）。共創這個概念假設，對治療室中的兩人來說，任何的詮釋、洞察與理解都是獨特、互為主體性的，並且僅屬於這個治療配對。即使所謂的「客觀真實」真的存在，這個客觀真實也得被個案與治療師「主觀上」知曉才得以成真。當兩個人在治療的架構下相遇，而這樣的設置就是為了要深度理解個案的精神生命，如此一來，他們對於探索個案內在的努力就是互為主體性的。雷尼克強調，我們在這個治療工作中發現到的任何洞察，都是被共同創造的，分析師並不是一個單獨的、權威性的專家，那種覺 062
得分析師必須要很客觀、好像能知道真相的想像，都是過往一人式的精神分析模型（one-person models）的特色（可以參考第 70 頁的社會建構主義〔編按：此指原文書頁數〕）。就像之前所講的，那些過往的模型並沒有考慮到臨床工作者自身的主體性，也沒有考慮到治療師雖然身為觀測者，卻也是治療場域的一部分。反之，在關係學派或其他當代精神分析學派的觀點中，所採取的是兩人式的觀點（two-person perspectives），這種觀點認為用以衡量分析師專業的並不是用客觀知識，而是得看他在治療中是否能協助促進案主去探索互為主體的動力，以便讓個案對舊有的、固化的關係形式、內化的客體、重複的症狀、對渴望改變的阻礙有更多的理解。在一段成功的治療中，「治療師與個案共同創造的新真實會取代過往共同創造的舊真實。」（Renik & Spillius, 2004, p. 1055）

愛與恨

史蒂芬·米契爾（2002）在討論這個主題時曾指出，心智是會相互滲透的，並會隨著關係發展。個人內在心智的動力歷程，反映了兩個心智間的動力歷程；我們與自己相處的方式，無法與我們與他人相處的方式切開，反之亦然。換句話說，一個人的主體性總是會在互為主體性的脈絡中發展、受其影響、並被表達出來（Mitchell, 2002）。史蒂芬·
063 米契爾在他的生涯中持續撰寫與此主題有關的文章，他的作品如此廣泛，最後對精神分析的知識上有著卓越的貢獻（2000）。

對所有的關係而言——尤其是治療關係——最重要的元素都是愛與恨。突然提到這個，您可能會想說這與互為主體性有什麼關係呢？那是因為關係學派的工作會著重於情感與動力（無論是個人內在或外在的），這是每個人都有的東西，並且會在關係中發展並顯露出來，而這些情感正是米契爾想談的事情。他指出愛與恨是無可避免的感受，臨床工作者不可能不受這些感受影響，也不該試著讓自己不受影響。不過，雖然我們要我們的個案縱情地去愛（米契爾是用「不負責任」地去愛來描述），但我們身為分析師則必須要愛

（或恨）的有責任才行；意思是說，我們始終會把分析性的目的放在心上。對分析中的兩人來說，一定會受到不盡其數的情緒各種各樣的方式影響，這也成為每對分析師－被分析者在臨床工作上不可或缺的一部分（Mitchell, 2002）。

我自己對互為主體的定義，借鑒了上述各家的理解。我想不用我多說，我們都知道人類很複雜，而心靈也有許多面向，所以我們很難用單一的模式予以描述、定義與理解。儘管如此，或正因為如此，我發現這種寬鬆的定義格外管用。 064
我建議用以下的方式定義**互為主體性**：互為主體指的是兩個主體的相互碰撞（collision）、相互作用（interaction）、相互交會（intersection）、相互滲透（interpenetration），或更普遍地，是一種互惠（reciprocal）關係。不過在本書中我會更關注分析師的主體性，用以補充過往精神分析文獻所欠缺的部分，而非聚焦於互為主體這個概念本身。不過就像之前引述中的提醒，我們沒辦法只談主體性，而忽略背後互為主體性的現象脈絡。在我一篇討論藉由分析師的愛來產生治療作用的文章中（Kuchuck, 2012），提到了一種男性（這裡指的男性未必是異性戀男性）個案常常會有的現象；在理想的發展中，父親或其他的男性角色會給男孩受重視或是被景仰的感受，那是種伊底帕斯式的慾望，但若缺乏這些經驗，男孩在發展上就會難以成形（formative）。這種缺乏男性結構的主體，若有幸能遇到另一個可以做為互補性（complementary）主體的男性分析師，並且這位分析師（並不是說他一定是同性戀或是雙性戀）能夠經驗到對個案的愛、被個案愛著或是被崇拜著的感受，這種互為主體性的契合不只是通往療癒的康莊大道，更是真正對心靈與靈魂的治療作用。

065 分析式第三方

就如先前提到的，分析式第三方的概念可說是早期對臨床上互為主體現象描述的擴展。奧格登與追隨他的關係取向思想家，思考著分析師要如何有效追蹤自己與個案間互為主體的互動，以瞭解他們之間在潛意識層面到底發生了什麼事情。在奧格登第一篇談分析式第三方（2004）的文章中，他描述了在治療中他追溯自身遐想（reverie）的過程。在文章中他詳細描述了那些轉瞬即逝的想法、知覺與感受，以及它們是如何在分析性主體（也就是治療師與個案）間潛意識的互動中所轉化（transformed），從而產生所謂的分析式第三方。奧格登的遐想不只與自己的主體性、生命史、興趣或某個特定的日子有關，更是與特定的個案在治療場域中時時刻刻的經驗有關。例如在他這篇文章中，想到了自己停在車庫裡的車，而這個遐想變成了分析性的產物，進而反映出了在當下治療中他與個案的互為主體性時刻。奧格登展示了這個歷程——分析師在治療時與個案互為主體性的互動中，經
066 驗會在某些時刻被捕捉到，化為圖像或感受，而分析師藉由詮釋或理解這些圖像或感受，把分析式第三方的經驗化為語言。奧格登利用自身的遐想，把對個案互為主體與主體性經

驗的理解提供給了個案。

潔西卡・班傑明在評論奧格登的文章時，對分析式第三方的功能做了個很重要的區分，其一：第三方可以是一種用來創造潛在空間的工具，在這個空間中可以用來溝通與思考；其二：又或者這個第三方離開了分析師，宰制著分析師的行為與抑制反思的能力，並且會把空間給「吸食掉」（sucks up）（Benjamin, 2004, p. 10）。奧格登把後者的現象稱之為「統治性的第三方」（subjugating third）。而班傑明堅持在這樣的人際情境裡面，應該要叫做「第三方的消弭」（negative of the third），因為在這樣的關係中那個「三」的結構已經毀壞了。在「第三方的消弭」狀態下，任何的中間性（in-betweenness）跟潛在／過渡空間都會被完全摧毀（Benjamin, 2004, p. 10）。她把這種狀況稱之為從三維的關係打回「二維」（two-ness）或是「互補性」（complementary）（譯按：如施受虐）的關係，因為在這種關係中，一方只能去反抗另一方。關係中的兩人都會對對方的行為作抵抗，並感到自己被強迫，被另一個人所控制，班傑明稱作「作用者－被作用者（doer–done to）關係」。

如前所述，分析師／母親畢竟與個案／嬰兒扮演著不 067
同的角色。無論是在照顧嬰兒的情境或是臨床情境（如下文），這種不對稱性都是必要的，這代表分析師／母親是那個更能包容個案／嬰兒需求的人，也是個更能切實地去鏡映出他們的情感的人。不過包容並不等於順從。為了讓分析式第三方與互惠性發揮作用，分析師／母親藉由留意自己的思考、需求與原則，進而從個案／嬰兒身上獲得線索。分析師會持續留意哪些是治療中的兩人共同創造出來的分析式第三方，而哪些是來自於自身觀點的獨特性。若母親／分析師沒有自我調節（self-regulate）（見第七章）與自我觀測的能力，那麼他對於他人需求的包容就很容易淪為順從性的受虐，這種狀態就是典型的互補性關係。分析師有自己的需求與原則，不代表這些東西就會非常僵化，或是會入侵到治療工作中；反之，分析師／母親的能力應當是尊重並維持自身獨立的主體性，這讓他更能參與治療工作中的點點滴滴，而不讓彼此感到被脅迫。

關係取向的思想家們像是班傑明（2004）、阿隆（1991）、戴維斯（Davies, 2008）、葛森（Gerson, 1996）與奧蘭治（見 Frie & Orange, 2009），指出傳統精神分析
068 （尤其是在美國自我心理學〔Ego Psychology〕的觀點下，可參照 Berman, 1997）在技術上最大的問題，就是得由分析師來定義分析工作是什麼，並把個案不遵守他們的標準解釋為「阻抗」。要求個案適應分析師定義出來的工作樣貌，會阻礙個案成為一個自主主體（agentic subject）的能力。根據定義，互為主體性的第三方會在潛在的／過渡的空間中創造與顯現，在這個空間裡意義是被共同建構的，而不是被那假設無所不知的分析師所決定。分析師不用去放棄任何權威性或是照顧性的角色才能達成上述目標，因為個案－分析師的關係本質上就包含著不對稱的狀態。

相互性與不對稱性

阿隆很早就講過，分析是一種相互性（mutuality）的關係，這個概念對關係取向來說到現在還是非常重要且具有啟發性（Aron, 1991, 1992, 1996; Dorfman and Aron, 2005），**相互性**的意思是在分析中的兩個人都有主體性、需求，而個案對自身歷史的看法，以及在動力關係中對分析師的看法，都是有價值並且有效用的資訊，能夠促進治癒，或是相反地阻礙進程。分析師在理論上的概念性，以及對於「要選擇什麼樣的技術才好」的判斷力，應該得扣著個案的需求與願望才行。但就像阿隆說的，縱使關係是相互的，它始終是**不對稱的**（asymmetrical，相對於對稱〔symmetrical〕），因為這段關係是為了達成個案的需求與治療目標而成立的（雖然 069 有時這個目標也無意中滿足了分析師的需求），而且必須要用某種位階性（hierarchical）的方式進行，像是分析師會設定一些跟架構、技術等等有關的「治療參數」。不過在最近的文章中，約翰．加勒特．坦納（John Garrett Tanner, 2020）提到了對稱性與相互性必須要依照個案個別性的需求加以校準，而這些需求在治療中是瞬息千變的。

在關係學派的理論中，我們總是會看重個案的自主性（agency）（見 Gentile, 2001, 2010, 2018 在相關概念的演講）。不過重視個案的自主性不代表個案（或分析師）就無所約束——自主性只有在分析式第三方存在時，才能生氣蓬勃，因為此時會有個空間出現，治療中的兩人能夠在這個空間中各自獨立且真誠地思考與行動——所謂的互為主體性，講的是一種在這三維的空間（the third space）中，能夠漸漸把自己交給對方的過程，而不是用互補的（見孟特〔Ghent〕的重要論文，1990）、作用者－被作用者的方式服從於對方（Benjamin, 2004）。無論是分析師或個案都不是由對方所定義的，但這個有第三性（thirdness）的空間中，彼此都會被對方給擴展，也會開始與對方有關係上的連結，這就是關係學派理論所謂的互為主體性本質。

070

社會建構論

在這邊我想要介紹一個非常重要的概念，那就是艾爾文·霍夫曼（1992）在早期曾用關係取向的觀點來討論，我們是否需要去概念化什麼是「基本」或「正確」的精神分析取向技巧？霍夫曼在這個論點以及其他（參見第一章）的論點中，我們可以清楚看出他的文章有很深的人際關係取向的色彩，因為他著重於參與者－觀察者這樣的描述，以及其他關係學派或是人際關係取向對此時此刻技巧的概念。古典的精神分析技術通常被看成是種一致並超然的觀察法（相對於關係取向精神分析的參與式觀察者的概念，這在第一章有提到），在概念化中會選取最符合個案經驗的假說，並且會給出洞察導向的詮釋，這是一種相當實證主義、客觀主義式的方式，我們稱之為「起源學詮釋」（genetic-interpretations）。霍夫曼的文章中不只解構了分析師能夠去揭

開個案不為人知的動力與歷史這種「絕對真實」的概念，也
解構了過往認為分析師可以透過自己反移情反應與感受來理
解所謂的真實或意義這樣的想法。所以他也批評到，有些分
析的學派會認為比起個案自己能說出來的資訊或觀察，分析
師仔細審視自身反移情而得來的資訊，反而更有助於理解個
案或是理解分析師與個案間的互動（阿隆〔Aron, 1996〕也 071
提到了這個概念）。平心而論，從我們對個案的情緒反應而
得來的洞察，其實也未必會比基於理論或診斷類別的見解更
精準或可靠。

霍夫曼（1992）解釋到，我們對個案的任何評估都是基
於分析師自身各式各樣的反移情與潛意識，而這些東西又會
隨著治療中的點點滴滴而有所不同。在他所謂的「**社會建構
論主義典範**」（social constructivist paradigm）中（Hoffman,
1992），分析師是無法超脫自身主體的。覺察一個人的主體
性（這裡的主體性有各式各樣的意思，參見第二章）是不足
以讓我們做出什麼特別厲害的介入，因為任何的治療介入本
質上都是偶發的、偏誤的與建議性的（相對於傳統精神分析
堅稱要去挖掘個案經驗中所謂的「客觀」真實）。而真正重
要的事情是，分析師持續對所謂的真實性、客觀性、理論知
識的準確度與可靠性一直保持懷疑的態度。

關係取向的思想家有時候會被自己人或其他取向的分析
師批評說缺乏理論性或理論基礎不夠嚴謹（Mills, 2005）。
霍夫曼的說法也確實強調在治療的介入上，應該要依賴主體 072
經驗而非客觀知識（這個客觀知識可以是來自於理論或臨床

經驗的累積）。然而，這不代表精神分析的工作僅僅只是在從頭到尾檢視一個人的主體性而已。任何的治療介入都是社會性地被建構出來的，這個意思是它無法透過事前理解，或是透過回顧來理解意義。話雖如此，關係取向的思維並沒有因此放棄理論，理論還是一個非常好的知識來源，而我們更把這些知識用來理解分析師與個案這兩人之間的感受與經驗。任何以知識為基礎的事情都應該要被懷疑，不能不加以挑戰地就傻傻地仰賴，或是毫不懷疑且僵化地放在神壇上膜拜。

我們在從理論或與個案的反移情中得來的資訊，跟有自發性的能力以及對所有介入的意義抱持著知所不知（not-know）的態度，這兩者之間應當取得一個平衡。不只如此，在霍夫曼的社會建構論模型中，主體與技術中存在著一種辯證式的關係，治療師被認為應當有更大的自由來表達自己的想法——這種表達通常自發、確信並真誠，並忠於自己的觀點。我們不需要假設自己必須說與做一些符合客觀標準的事情，社會建構論模型與其他模型相比，能自發性地、真誠甚
073 至是懷有熱情地，自由參與著個人的溝通並與之有所關聯。這是霍夫曼在最近的著作（2009, 2016）中探索的一種工作方式，我認為比起客體關係或其他理論，這種方式更是人際關係學派的典型。

案例介紹：米雪

從本章到第八章，在結尾的部分我們都會提到我與一位個案的工作，用她當例子做簡短的討論。米雪是位五十歲、拉丁裔的律師，她之所以來接受精神分析師因為想討論自己是否要與在一起多年的妻子領養小孩，以及工作壓力的問題。工作壓力指的是一位曾經是她朋友的合夥人，最近讓她感到不被尊重且受到不公平的待遇。這些案例中的小片段都涉及該章提到的理論，以做為討論的材料。

在第一年的治療中，主要看到的都是充滿邏輯能力、「大人模式」的米雪，還無法接觸到她的其他自我狀態以及被隔離的部分（可參見第五章）。在治療中我們主要都在談米雪要不要、或要如何跟自己的伴侶有個孩子，而她的伴侶
看起來對這個議題並沒有像米雪一樣有這麼多矛盾，工作上 074
也沒什麼大問題。米雪自己也知道她最終得去解決一些童年問題——她童年時持續受到不當的肢體接觸，或甚至受到家族中男性成員更嚴重的虐待，她的父親與雙胞胎弟弟都有藥物濫用的狀況，而她在被虐待以及其他問題上也缺乏外界的支持，可能是因為種族主義或者是恐同症這類的因素。

她只能夠用彷彿說著與自己無關的歷史事件一樣方式，來陳述這些經歷，當我試著讓她理解這些過去事件很可能造就了現在促使她來尋求治療的這些困擾時，她也只是理智性地點頭同意。就像在第五章中會討論到的，這種有點疏離的狀態對成年的創傷倖存者來說並不罕見。我試著用詮釋來連

結她那童年的不安全和缺乏支持，與現在她對於成為一位母親的矛盾感之間，以及為何她對那個有母親形象的老闆會有不信任與被背叛的感受，這之間是有關聯的，不過她看起來只是假裝對我的詮釋有興趣。

用互為主體的鏡頭來看個案

我有發現對於米雪來說，她能把我視為一個有自己主體需求的獨立個體，這是班傑明與阿隆（如上述）所提到發展成就。我之所以知道這點，是因為不難感受到米雪會關照我的需求，她的社交舉止是真誠的，也對我有好奇心——這代表了她在心智上發展良好，而獲得了上述的能力。經過一段
075 時間的治療，隨著那些過往被隔離的受虐與創傷經驗慢慢被找了回來（在第五章與第六章中會討論到這是如何發生在治療歷程中），我開始得面對她因為移情而開始覺得我很壞的部分。在理想情況下，關係取向的分析師會試圖追蹤他受患者影響的方式，反之亦然。

我知道米雪也注意到她自己有時會想傷害或激怒我。我們討論她對這些舉動背後的幻想，包含了想對我造成負面影響的願望，不過若她真的對我造成了影響，她也會因此感到不悅。在這些情況下我通常會肯定她的主觀感受，並告訴她，她的舉動其實很觸動我（當然是在我意識所及的範圍），之所以會選擇這樣的自我揭露，是因為在她過去的生命中，大家都跟她說她的感受是不準確的，而她的舉動是不能被接受的。我與她共創了一個關於治療中到底發生什麼事

情的敘事，我持續地透過關懷她來經驗她這個人，即便有時候她很令我頭痛。

隨著時間推移，我們可以觀察到，她開始可以對治療室
中的敘事，與自身過去歷史事件之間有情感性的連結。與
此同時，我們也常常核對她是如何經驗我的，是否是個具
有危險性、報復性以及其他正向或負向特質的人？而這些對
我的感受取決於移情的狀態，進而變形與開展。有時候她會
指責我太過於接受她的暴怒與控訴，這種罪惡感與企圖修復 076
的感覺，也會反過來影響我的感受。有時候我也會經驗到我
自己的罪惡感與感到自己真的有很壞的部分，而這在治療中
也是一個幫助我能夠理解米雪痛苦的方法。我們與個案都得
接受，心理治療會有陣子（也許會好一陣子）讓個案感到更
糟，這是個令人難過的事實。相對的，見證像是米雪這種多
年來一直受創與受苦的個案，也會讓分析師心裡格外難受。

---

1 Jessica Benjamin (2004), 'Beyond doer and done-to: An intersubjective view of thirdness', *Psychoanalytic Quarterly*, 73: 5.

【第 5 章】

077 解離、多重自我狀態與創傷

> 所謂的健康是一種能力，能夠讓我們處在多種現實交界的空間中，而不會失去它們——一種可以感覺我既是我，同時也能是好幾個我在感知現實。
>
> ——菲利浦・布隆伯格[1]

古典的精神分析把重點放在被潛抑（repression）的衝突感受、願望、記憶與其他內容上，而治療的目標就是讓潛意識能夠浮上意識；與之相反地，關係取向會把重點放在解離上，處理的是那些無法被象徵的素材——因為在關係取向的假設中，一個「正常」、「健康」的心靈不只是被潛抑與內在心理衝突所形塑，還會被解離所影響，這點非常重要。打從精神分析的草創時期，解離與相關的催眠狀態，就被當作是創傷性歇斯底里症（traumatic hysteria）或其他嚴重心理問題的成因（Janet, 1889; Breuer & Freud, 1895）。但佛洛
078 伊德之後開始建構拓譜學理論（topographic theory，也就是潛意識－前意識－意識）（Freud, 1995），而後來更轉向結構模型（也就是本我－自我－超我）（Freud, 1962），把重點放在了三種結構間的衝突，而驅力在這些結構中如何被壓

制與釋放，最終導致了（通常是）性與攻擊的元素被潛抑，這種說法佔據了主導地位。解離這個詞甚至沒有列在安娜．佛洛伊德編寫出的眾多防禦機轉（defence mechanisms）（1964）中，也沒有在拉普朗虛與彭大歷斯所編寫的《精神分析辭彙》（Laplanche and Pontalis, 2006）[2] 中被提到。

之前被逐出分析圈子的費倫齊（1919, 1925, 1949）與那些重新發現並傳播他思想價值的人，像是杜邦（Dupont, 1988）、阿隆與哈里斯（1993）、哈里斯與庫查克（2015）、蘇利文，尤其是在他的「非我」（not me）（1940, 1953）與其他理論中，也包含了西爾斯（Searles, 1977）等人，都堅稱精神分析應該要重新考慮把解離這個主題視為重要的研究領域。在近十年來，人際關係取向與關係取向學者像是布隆伯格（Bromberg, 1996）與戴維斯（2001）就把解離這個概念給「正常化」，認為它是一個普遍存在且必要的機制，並區分「正常」解離與「病態」解離，後者指的是非常極端的創傷反應，像是在最具有創傷性環境下長大的人，可能會出現解離性身分障礙（Dissociative Identity Disorder，簡稱 DID，也就是坊間所謂的多重人格）的症狀。

解離不只是一個在精神分析語彙中出現，又消失，然後
又再度出現的術語而已，而是像第一章中我們討論到「關 079
係」這個詞，有著多重、重疊的意涵。所以我們又再次面臨詞語定義的挑戰，因為我們試圖把解離這個詞彙，推到更複雜的位置，來幫助我們對關係取向精神分析有更進一步的理

解。但又有個複雜的問題，解離這個詞跟等一下會提到的自我狀態這個詞不同，它的定義還是很不完整，關係取向的治療師對這個詞的理解與在工作中如何應用，也都缺少清楚的論述。

解離

若要用最一般、最容易理解的方式解釋**解離**，我們可以把心靈的內容想像成很多個口袋，每個口袋都裝著對自己或他人不同的情感、想法、幻想、經驗等等，而每個口袋都與意識有不同程度的連結。潛抑的機轉是把已知的（Davies & Frawley, 1994）、具象的（Stern, 1997）東西踢出意識之外。而解離的機制不一樣，它在處理那些我們沒辦法知道或弄清楚的東西，像是：記憶、感受、印象（know-ledge）、身體經驗。這些經驗之所以說不清楚，是因為這都是生命很早期的經驗，早在能用語言編碼前就存在；又或者是曾經太過於創傷，經驗到排山倒海的感受，使得經驗無法被象徵性
080 地處理，或被意識性地建構（Howell & Itzkowitz, 2016）與同化起來，例如運用語言或思想來處理這些經驗。解離具有額外的保護功能。當有些大到會淹沒心智的事情發生時，解離機制可以用來調節自我連續性（self-continuity），就像是一個人無處可逃時的最後手段。透過這種方式，解離能保護或促進自我調節。

我們要知道解離是個連續性的光譜。就像是潛抑機制一

樣，它是——或至少有——適應性的功能，能夠讓一個人在完全沉浸於特定的現實或認知中時，自我狀態還能維持健康運作，為此自我反思的能力必須被懸置起來。就像懷特・楊（Walter Young, 1988）所說：「在正常狀態下，解離透過篩選屏蔽掉過度或不相干的刺激，來增強自我（ego）整合的功能……但在病態的狀況下……正常的解離功能會被拿來當成防禦機轉使用」（pp. 35-6）。所以解離這個詞講的範圍很廣，「正常」的解離是日常現象，有時是防衛式的，有時不是（或是沒那麼防衛），但無論如何，每個人都一定經驗過解離——想想自己做白日夢的時候，或是做一件事情太忘我導致忘了時間的經驗。解離也可以很嚴重，最糟的狀況下，它是種因創傷引起的病理症狀：解離性身分障礙。我們來舉更多正常解離的例子，我想如果有開過車的人應該都有這種經驗，邊開邊胡思亂想、聽音樂，或是聽著廣播，然後 081
「莫名其妙」就到目的地了，而沒有詳細記得在開車過程中發生什麼事。舉另一個相似的例子，多年前我曾經連續教授兩堂同樣的心理學課程，在講課的時候，我偶爾會發現自己在說（或即將說）跟剛才一模一樣的話，而突然感到困惑甚至恐慌，只是那個「剛才」指的可能是一兩小時前，或是一週前的課程，在這個例子中，我發現自己與時間和空間解離了。

自我狀態

我們對解離的定義有初步瞭解後，讓我們把主題轉向自我狀態（self-states）的概念，這個概念能讓我們更深地理解什麼是解離，而之前對解離的鋪陳也反過來幫我們更能瞭解這個新詞彙。自我狀態是心靈中各自分離且獨立的單位。我們可以把「自我」想成是張大傘，底下包含有很多次單位。每個次（sub）狀態都包含著一系列的想法、信念、情緒、記憶、行為、道德與價值。若一個人心智發展順利，各個獨立的狀態都能與相互衝突的其他狀態相對穩定地共存（例如
082 害羞或隱密 VS. 暴露性），這讓自我狀態在整體上是統合的。這種統合感在不同的意識水平上都能存在，像有時候我們會沉浸在某種自我狀態中，那是一種此時此刻的經驗，未必要得在意識或記憶上去覺察其他的自我狀態，此時我們就多少跟其他的自我狀態解離，但並不會因此失去統合感。

在治療中，不管是正常的解離或是病理的解離，率先察覺到自我狀態轉變（也許我該舉個例，像是從與開放、溫暖有關的自我狀態轉換成敵意甚至是偏執－妄想〔這是克萊恩學派常用的詞〕的狀態）往往不是因為個案，而是分析師自身內在情緒、心理狀態的轉變（Bromberg, 2010）。個案自我狀態的轉變，也會導致或讓分析師有所反應，那可能是之前提到的部分身心反應，或是更全面性的、真正的自我狀態變化。我們可以把這個現象看成例子，再次證明兩人心理學（參見第二章）的重要，我們不只追蹤個案的心靈，也追蹤

治療師的心靈。若我們沒有仔細考量後者，也許就會錯失許多個案的重要資訊——以這個例子來說，若分析師忽略自身狀態的變化，很可能也無法察覺到個案特定自我狀態的轉變。

因此對當代精神分析來說，不再將心智或自我視為單一實體，而是一個非線性、不斷變化的自我狀態集合體，在解離／意識中進進出出；統合且單一的自我，不過是心靈用一 083
種辯證性的方式，產生出的適應性幻覺而已。自我狀態、多重自我狀態、自我多重性、多重性理論以及其他類似的概念（這些術語都是可以相互替換的），成為了關係取向思想的核心原則。一個人若要活得真實，並擁有自我反思與覺察的能力，得取決於心中各種不同的自我狀態單位，彼此間能不能維持一種辯證性的關係，其中每種自我狀態都能以最佳的方式發揮作用，而不是強制中斷彼此間的交流（Bromberg, 1996）。換句話說，正如本章開頭摘錄語提到的，我們希望有個能力去「處於多重空間中」（stand in the spaces）（Bromberg, 1993, p. 166）——在很多時候，有些主觀現實還沒有辦法被自我涵容，被經驗成是「自己」的感覺，而這個能力能夠給主觀現實一個好好安放的空間（Bromberg, 1996）。

精神分析扶正創傷的地位

眾所皆知，佛洛伊德在 1897 年放棄了誘惑理論

（seduction theory），這個理論假設所有的歇斯底里症患者與大部分精神官能症患者，童年真的有受過性（或是身體與語言上嚴重的）虐待經驗，而他們的症狀則是這些創傷的病
084 理後果。但佛洛伊德與之後的精神分析，在病因學的解釋上，把重點放到兒童與成人（倖存者）的伊底帕斯慾望以及對性接觸的幻想（fantasies）上，而不是實際的性創傷。從這一刻起，精神分析對創傷治療就「僅」關注幻想本身——也就是心靈內在的內容而已。

在那個年代，因為童年有過受虐經驗而前來尋求治療的善男信女們，都會被治療師告知那是他們自己的願望與幻想，虐待從沒真正發生過，而這又造成了二度創傷；在許多案例中，他們小時候曾勇敢地與父母或其他大人求助，但大人卻反而責怪他們，只因大人們無法接受這可怕的真實；治療師的舉動悲劇性的地加劇與複製了他們的童年經驗。對於「真實」虐待的認識與治療，變成創傷療法或一般心理治療才會觸碰的領域，反而跟精神分析沒有關係。

在佛洛伊德放棄誘姦理論十幾年後，他的個案兼同事，也是現在被公認為人際關係與關係取向精神分析的先驅——桑多爾·費倫齊，曾提出（1932）並隨後發表（1949）一個在當時很基進的觀點，那就是心理痛苦與創傷確實是肇因於真正的——而非幻想的——虐待事件。這個觀點導致費倫齊與佛洛伊德決裂，在他生命最後幾年中，還被瓊斯（Jones, 1957）和其他國際精神分析學會會員指控，說他已經精神崩
085 潰而且「瘋了」。他的理論遭到駁斥（事實上這根本與他的

理論無關，只是因為他跟佛洛伊德鬧翻了）並被驅除出精神分析社群（Aron and Harris, 1993）。

在費倫齊被逐出精神分析界約半個世紀後，他的臨床日記才被出版（Dupont, 1988），關於他發瘋之類的謠言被洗刷乾淨，並能看到他對真實童年性創傷所造成的心理影響，有非常具啟發性且犀利的觀察，這是過往精神分析都無法觸及的領域。他不只提起了解離與其他因子，還提出了對「認同攻擊者」（identification with the aggressor，這個概念是費倫齊最先講的）的觀察、早期受虐經驗的身體化（somatization）防衛、對傳統反移情的挑戰，以及記錄了精神分析情境在處理虐待倖存者時會遇到的特殊動力，提到這類個案面對治療時會有更強的阻抗等等。費倫齊的臨床日記與其他文章——包括重新出版那篇讓他被逐出學會的論文（Ferenczi, 1949; Ferenczi & Dupont, 1988）——以及一些推廣他的理論並將其應用到當代臨床思想與實務的學者們（Aron & Harris, 1993; Rachman, 1997; Rachman & Mattick, 2012; Meszaros, 2014; Harris and Kuchuck, 2015; Kuchuck, 2017 among others），都對在 1980 年代後期開始蓬勃發展的關係取向精神分析做出很大的貢獻，是這持續發展學派的精神標竿。

如前所述，費倫齊的工作，更具體來說是對創傷的工 086
作，都具有前瞻性並留給了 r／R 關係取向取向豐富的文獻。這也連結到關係取向文章所強調真實、系統化的主要範疇——像是虐待、社會文化、經濟與政治因素，以及其他社群與更大的系統——這告訴我們身為人類在發展上其實會受到各式各樣的負面影響，那不只是內在心理因素，很多更是外在的因素像是貧困、種族主義、性別剝削、恐同情節、恐跨情節、身體羞辱、虐待等等（Orbach and Eichenbaum, 1993, Orbach, 2003, 2019, Wachtel, 2008, Altman, 2009, 2020, Dimen, 2011, Layton, 2020）。最近也有一篇非常棒的關係取向文章在講創傷的代間傳遞（intergenerational transmission）（Harris, Kalb & Klebanoff, 2016, 2017; Grand and Salberg, 2017; Salberg and Grand, 2017）。

#METOO 運動

隨著 MeToo 運動的擴展，越來越多個案開始回憶起／有勇氣把自己被性虐待的經驗帶到治療中。正如第二章所討論的，這對一些曾受創的分析師是個新的挑戰，他們可能會重新想起自己被虐待的經驗，或是被與時俱增的這種對於性
087 暴力的新聞報導給重新創傷。最近在《精神分析對話》期刊中就有篇重要的文章，用嶄新的關係取向角度來探討這個現象（Ceccoli, Goldner and Guralnik, 2020）。

解離與創傷

有些人可以比其他人更能「處在多重空間中」，而有些人連空間都沒有，這些人就是所謂心靈組織比較偏向解

離，而不是偏向潛抑的人。對這些人來說，自我狀態會防禦性地盡量分割開來，確保在特定時刻只有主要的自我狀態處在意識層面，而排除其他狀態。利用這種方式，主要的、處在「真相」（truth）位置的自我狀態就不會受到其他狀態的干擾，特別是那些會令自己恐懼或困惑的狀態（Bromberg, 1996）。在本章剩下的部分會著重於解離光譜最嚴重的末端，在這邊幾乎看不到正常的解離功能，而都是防衛性的解離機轉，這是創傷倖存者的典型反應。如上所述，在最極端的解離案例身上，自我狀態間完全沒有聯繫，也無法意識到彼此的存在，最典型的就是解離性認同障礙，這個診斷過去被稱作為多重人格障礙。若要知道更多關係取向對成人創傷 088
的精彩工作，可參考布蘭哲（Boulanger, 2014）的文章。

根據布隆伯格（Bromberg, 1994, 1995, 1996 and many others）所說，喬蒂·戴維斯與瑪莉·蓋兒·芙勞利（Mary Gail Frawley, 1992, 1994）發表的文章（Davies, 1996a, 1996b, 1998, among numerous others）應該是關係取向中最早提到解離與多重性的人，特別是在童年性創傷倖存者身上，這為關係取向的思考帶來了很大的貢獻。正如第一章所說，關係取向精神分析是理論的移民拓荒者。在戴維斯與芙勞利的文章中，我們可以在他們的關係取向思維中很清楚地看到客體關係理論的影子（舉例來說我們就能在戴維斯 2004 年的文章中看到這種色彩），同樣的我們也能在東尼·巴斯、艾爾文·赫西、唐納爾·史騰（Donnell Stern）身上看到人際關係理論的影子，或是在班傑明與斯洛霍瓦的文章中看到溫尼考特理論的影子一樣，這在第二章我們有提過。

而戴維斯與芙勞利會被歸類在關係取向，是因為他們在早期（1992）的文章中，就強調與接受「實際」虐待的發生，堅信於此並持續在相關領域工作（這種有別於古典精神分析對創傷的態度，是當代精神分析最大的特色），並且認為治療師必須成為「參與的觀察者」（participant–observer，這是一個從人際關係取向借來的詞彙），而不僅
089 僅是保持距離的觀察者或詮釋者，後者是古典精神分析或一人心理學的特色。

我們在治療中唯有期待著那些施虐性、受害者情節與各式各樣的動力在個案與分析師之間能夠重新共演（re-enactments），我們才有機會進入成人倖存者的意識與解離的世界中，並如實地找到他們，看見他們具有功能也同時過度警戒防衛的心智狀態。這種真正進入到個案內心（無論是滿足、挫折、羞愧或各式各樣的重複性經驗，那是來自於早年、常常是解離的、一個正在受虐的孩童狀態）正是關係取向治療的核心與靈魂所在，雖然我們在與受到性虐待或是其他嚴重虐待的成年倖存者工作時，更常感到非常枯燥乏味，甚至處在令人暴躁的狀態。再次，我們能看到關係取向精神分析的精髓所在，我們強調此時此刻治療師－個案之間關係性的人際工作，輔以客體關係理論告訴我們的，要去探索個案的內在客體是如何在關係中共演。這些令人不舒服的共演不是要去避免的心理動力，雖然它們常常挑戰與威脅著要摧

毀治療聯盟。不過當這些共演伴隨著治療師的詮釋被加以理解（不過我們大概得在治療後期才能做出這些詮釋），治療師與個案在這共演的情感風暴，以及這種施暴者－受害者的重複關係中存活了下來，而且這次個案不僅是獨自一人，還有個治療師陪在自己身邊，參與並見證著整個過程。以上這些造就了治療性行為的核心。

我們要謹記，解離是個光譜，從最輕微的、「正常」 090
的、原發的非防禦性的解離形式，就像是在本章最開頭所說的（只選擇注意特定刺激、做白日夢這類的），到最極端且具有嚴重病理的解離形式，我們都可以從 DID 患者身上看到。我們能從創傷倖存者身上，在解離光譜兩個端點中間的區域，發現各種程度的解離經驗，這些解離經驗通常是防禦性的，用一種很極端並僵化的方式呈現出來。我們能從童年遭到忽視、言語或身體虐待，當然還有性虐待的個案上看到這點。值得一提的是，儘管大多數被診斷為 DID 的個案是性虐待倖存者——根據戴維斯與芙勞利（1992）在文章中引用普特南（Putnam, 1989）與蘿絲（Ross, 1989）的研究資料指出，大約有 88～97% 的 DID 都有過性創傷——但並不是所有受過性虐待的倖存者都會有 DID 的症狀。

戴維斯與芙勞利（1992, 1994）專門發表有關於童年遭受性虐待的成人倖存者的論文。雖然他們的觀察與建議的治療方式，是針對那些因為嚴重解離，而沒有能力「處在多重空間」——導致無法安放一些東西，作者用各式各樣的方式
稱呼那些東西，像是狀態、自我（ego）狀態、自我與客體 091

經驗，或單單就稱自我（self，在布隆伯格使用這一堆語彙前，在古典精神分析與客體關係理論中就僅是這樣簡單稱呼）——的病人，但我主張把視野拉得更廣，這種治療模式其實可以精確地套用在各式各樣因遭受忽略與虐待而受解離所苦的個案身上。在他們的描述中，這些個案在開始接受治療時都只會帶著成人（成人的自我狀態）來，也只有這個成人會認真做治療，但那些被解離掉的「孩子」的狀態終將會進入治療，隨著時間推進，治療室裡會充滿著各式各樣「孩子的」人格狀態（personas），像是施虐性的攻擊者－虐待者這種壞角色、無助的受害者、誘惑者／勾引者、感激被拯救者、被忽略並且貪得無厭的人、忿忿不平以及其他不盡其數的自我，作者警告，我們一定會與這些被解離掉的孩子自我狀態相遇，並且得與他們工作。

然而當個案內在認同的攻擊者與內化的自我和客體表徵在治療室中被具體化出來，整個治療的拼圖也僅完成一半而已。透過投射（projection）、投射認同（projective identifications）、共演（enactments）（參見第六章）與其他動力，隨著時間過去，個案的眼中的分析師會變得越來越像自己——有時甚至會跟自己做一樣的舉動，此時分析師感覺上就會像是個案內心的那些東西／人：虐待者－犯罪者、無助的受害者等等。正如前文簡述的，這邊藏有關係取向工作的藝術。類似佛洛伊德曾講過「被潛抑的事物回來了」（return of the repressed）（1919），只是在這邊回來的不是被潛抑的事物，而是在早年孩子的心靈中，那些無法被象

徵、被放逐、被凍結在時間中而解離掉的元素，在治療中開始有機會出現，讓個案與分析師開始能把過往那些無法觸及 092
的心靈碎片，慢慢拼湊成完整的樣貌。那些曾經看似不存在、倏忽即逝的自我狀態經驗與碰撞（clashes，所謂的碰撞指的是個案心理內在自我狀態彼此間的衝突，同時在人際上也影響了個案與分析師各自自我狀態的衝突），是如此的痛苦並近乎無法承受。但這種把原本感覺不是我（not me）的東西重新納入成我（me）的歷程，正是人格發展與整合的開始，那些之前因性虐待，或雖沒性虐待那麼嚴重但仍具有高度傷害性的忽略與虐待形式，而導致的發展停滯（有些人甚至根本沒有發展），因這個契機而開始萌芽。

在治療中，一旦這些兒童式的自我狀態能夠跑出來，我們就能做更多的事。與這種新認識的自我狀態相處，是種與之共處跟倖存下來混和的感受，這種新的感受則能讓自己創造出新的敘事，來重新解釋小時候到底發生了什麼事情，導致了自己必須要用解離來應對。在與分析師的心智／自我（mind/selves）的關係中，個案的心智／自我也開始更能夠吸收、共鳴與成長，此時他們就能開始運用新發展出的敘事能力。在談本章臨床案例前，我想提醒各位讀者，由於找不到更好的詞，所以我們還是用「健康」（health）這個詞來描述心智狀況（對關係取向以及其他後現代的思想者而言，健康這個詞問題很多，因為它讓人感覺太人工、有著過於簡化的二元邏輯，而且過於主觀、過於評判姓，好像一個人心智健不健康是可以被客觀衡量出來一樣），關係取向的人把

健康視為一個人能夠盡可能真誠一致地去臨在、感受、行
093 動，能成為如其所是的自己的一種能力。若是用更詩意與簡
潔的說法，那就是努力在我們多重變化、豐富、有時會衝突
的自我狀態間，「處在多重空間中」。當我們得用防衛性的
解離，來從那些根本無法訴說的，因虐待而造成的驚恐底下
保護自己時，就像所有的防衛機轉一樣，這能讓我們生存下
來，但也會讓我們付出巨大的代價，那就是造成了孩童與之
後成人自我狀態發展的干擾與阻斷。

臨床片段

在跟米雪工作一陣子後，可以觀察到她的情感很受限，而某種程度上我也受到影響。當分析師感到無聊並且難以專注在當下時——就像是我當時的狀況——這通常都不是由於個案的潛抑機轉，而更可能（或額外還有）直指治療中一些重要的內容被解離掉了。在我們治療進到第二年時，她的夢與幻想中有時會出現一個可怕的男人，這個男人看起來像是虐待她的人，也會讓她想起我；在夢與幻想中這個看似紳士、和善的男人總會突然變得很危險。大約也是在這個時候，我們之間性別與種族的差異也開始浮出檯面（這在第八章會有更多討論），讓我們有更多機會討論這些主題，與此同時她焦慮與憂鬱的狀況也加重了，我們把治療從一週一次增加到一週三次。

094 大概是治療第二年中期左右，米雪孩童式的自我狀態開

始出現，一直到之後的幾年間，米雪的情感不再完全性地解離；當然也沒有到很明顯地顯露出脆弱、深度的悲傷或恐懼。當米雪那認同施虐與忽視的雙親的那個部分沒有否定我的努力時，我們兩個都共同渴望拯救這個疲憊不堪、飽受虐待又非常創傷的孩子，但這也讓她對我（或對我們兩人）有過高的期望，所以當她覺得治療進展太慢或無所適從時，會對我非常失望。當治療處在這樣的時刻時，我就變成另一個沒有用的照顧者，而一旦她認定我得是這個角色時，我就會是個沒有價值、無能、令人失望的人。而其他時候我不只被她經驗成是個會忽視她的無能之人，我還是一個講話傷人的混蛋，無法同調別人、時間安排缺乏彈性的老古板，並且有著各式各樣的缺點，因為她需要我是個失敗的治療師。

就像是戴維斯與芙勞利描述的，當這些虐待性的移情模式出現，內化的客體被投射出來而充斥在治療中時，分析師才有機會去幫助個案看見過去的創傷。在這些情況中，所謂的治療行動（therapeutic action）就是治療師透過見證（witnessing）、同理性的同調（empathic attunement）、抱持（holding）、選擇性的移情詮釋（selective transference interpretation），來處理過往被解離掉的內容（對米雪來說是憤怒、悲傷以及更多的感覺）——也包括了先前無法觸及
到的自我狀態（像是被虐待、罪惡感、生氣與其他孩童式與 095
成人式的狀態），一旦這些先前無法觸及的內容開始浮現，那麼舞台就準備好了，讓米雪可以開始去感覺，並隨著時間，在混合著羞愧、痛苦與失落的複雜情感中，好好哀悼她

的創傷。最後作為這個哀悼過程的一部分，原本被解離掉的情感與無法觸及的自我狀態也能開始整合。米雪的自我也得以開放並且擴展，這對她踏出人生新的一步至關重要。

---

1 Philip Bromberg (1993), 'Shadow and substance: A relational perspective on clinical process', *Psychoanalytic Psychology*, 10(2): 166.

2 譯註：《精神分析辭彙》（*Vocabulaire de la Psychanalyse*）算是精神分析界的辭典，繁體中文版由沈志中、王文基所翻譯，2000 年由行人出版。

【第6章】

共演 096

……對反移情的覺察永遠是回溯式的，只能藉由觀察治療中的共演而得知……　——歐文・雷尼克[1]

精神分析的理論家在定義本章的標題——共演（cnactment）上，存在著分歧，但我建議大概用以下幾點來理解就可以了：共演涉及分析師與個案潛意識，通常是解離的內容（參見第五章），透過相互投射認同與其他方式，導致治療中的碰撞（clash）與僵持（stalcmatc）。若分析師與個案能一起存活下來，並解構這個共演性的過程，就能對那些被解離的情感與其他內容，有著在當下或歷史性的理解。在許多情況下，這也能達成治療性的治癒與心靈的改變。

潛意識對話 097

關係取向對精神分析最重要的貢獻，就是強調共演是不可避免的，並且具有治療性的價值。受古典精神分析訓練出身的西奧多・雅各（Theodore Jacobs, 1986）是率先使用這個詞彙的人。但就像巴斯（Bass, 2003）所指出的，在約莫半個世紀前就有人在講這個概念了。在費倫齊（1949）的文章中講過一個概念——「潛意識對話」（p. 84），指的是分析師與個案間會用非語言、未成型的情感與其他信息方式作相互式的溝通。這是最早在精神分析文獻中描述移情－反移情共演（transference–countertransference enactments）的例子（當然，在當時還沒有這麼清楚的詞彙來描述這個現象），在費倫齊的概念中，這種現象是治療工作中不可缺少的部分，而不是要去避免的事情——若要刻意去避免，就會犯佛洛伊德以及他的追隨者一樣的錯誤，那就是保持中立性（neutrality）。

佛洛伊德（1912）確實警告過不受約束的反移情的危險性（由於對事情感覺太強烈因而有失去中立性與客觀性的風險）。但費倫齊（1919）認為太過於控制反移情反而會造成危險，因為分析師會無法透過潛意識對潛意識、像是共演這樣的方式，來認識或運用各式各樣（不管是具象或不具象）
098 的感覺，像是情感、認知或是身體感受。費倫齊堅持若不運用這些感受，分析師的信念與熱情就只是自打嘴巴。這樣的分歧讓當代多采多姿的精神分析取向拉出兩個端點，當然每種精神分析陣營在分析風格與氣質上都會有很大的差異，但概約來說，大部分古典精神分析的觀點仍偏向要去克制（情感與行為），而關係取向或其他當代學派——像是我們談的關係學派精神分析——就像費倫齊（1928）一樣，主張技術要有「彈性」（elasticity），並要主動使用反移情（分析師要對自身的感受與幻想保持開放性，因為這通常反映了個案投射認同的心智內容）[2] 以及任何反移情所傳達的資訊（洞察、診斷內容等等）。

巴斯在一本將要出版的書中，寫到他自己被分析的經驗，他的分析師是人際關係學派的班傑明・沃斯坦（Benjamin Wolstein），而班傑明的分析師又是人際關係精神分析以及威廉・阿蘭森・懷特分析取向治療中心（William Alanson White Psychoanalytic Institute）的創始者之一——克拉拉・湯普森（Clara Thompson），而她曾是費倫齊的個案（Bass, 2021）。我們又再一次看到費倫齊與人際關係／關係學派精神分析之間的因緣。如同費倫齊（同樣的，當時還沒有雅各〔1986〕把共演這個詞整理出來），巴斯也認為共演無處不在，也因為這個理由，他區分了兩種共演，一種是每天都會發生的、潛意識與潛意識溝通的共演，他稱之為小寫 e 的共演（enactment）[3]，而另一種是一 099
定得透過移情－反移情與其他方法才能處理的共演，他稱之為大寫 E 的共演（Enactment）。後者的共演會佔據分析師與個案的心神，有時還會僵持在那，他在文章中把這種狀況稱之為僵局（impasse）。由於解離（通常是相互的）的本質，當過往被解離的內容闖入治療中時，治療的其中一人或是彼此都會感到深深的羞恥（shame）。如果治療沒有因此脫軌，分析師藉由能在當下與個案一起好好共演，就像布奇（Bucci, 2011）所說，這是能獲取案主內在關係模板（internal relational templates）與內在客體世界或基模

（schema）第一手資料的機會。

巴斯的這篇文章對關係學派的理論有很重大的貢獻，他強調要與（E）共演工作，就得在相互對立的現實拉出一個空間（舉個常見的例子，像是我愛你跟我恨你這兩種感覺是同時並存的），讓不同的自我狀態（參見第五章）能同時存在於治療師與個案心中。在前幾章有討論過，能接觸到完整且有時候可能是衝突的一系列自我狀態，對成長與健康是必要的。而對分析師來說，接觸自己各式各樣的狀態又更加必要，這樣才能去接收、共鳴、解碼個案潛意識對（分析師的）潛意識的溝通。

雖然費倫齊、巴斯與其他作者稱呼的小寫 e 共演，指的
100 是日常且實用的現象，但我想大部分人在講共演這個詞時，指的都是巴斯（2003）講的 E 共演，用以描述有挑戰性的臨床情境。所以為了讓語意更加清楚，我決定不再額外多介紹貝斯與費倫齊曾努力描述過的小寫 e 共演，我想巴斯講的「潛意識對潛意識的溝通」應該就能取代小寫 e 共演所要表達的事情。阿隆（2003）寫到了同樣的議題，他提到：「在定義共演這個詞彙有分歧，狹義來說共演有它特定的涵義，被認為僅能代表情節式的、零散的事件；或是很廣義地來說，潛意識的人際間相互影響無處不在，從這個角度來看所有的精神分析活動都是一個巨大的共演」（p. 622）。而一些著名的學者像是凱倫．馬洛達（Karen Maroda, 2020）也跟我們一樣，傾向狹義的定義。

關係學派對共演的觀點

關係學派談共演的文章其實相當豐富。瑪格麗特・布萊克（Margaret Black, 2003）對共演也提出很重要的想法，在文章中還附有一位具有高度教育意義的個案討論，探討了與巴斯（以及阿隆〔2003〕）在文章（2003）中提到的相同議題。布萊克在文章中向讀者介紹了她的個案——麗莎，她與麗莎共度了許多美好時光，甚至一起歡笑，但接著個案就講了一個急轉直下並帶有暴力色彩的故事。正如我們所知，這 101
些風暴會突然來襲。布萊克一開始沒有察覺到風暴要到來；治療室中的氣氛轉換是如此之快。所謂的臨床工作就是在學習一堂困難、複雜又隨著治療驅使的課程，我們從中學到的治療性行動，就是如何與案主好好度過共演並從中存活下來，而不被語言給壓迫或干擾。治療中的話語，可能會壓毀空間，也可能會變成具有轉化性的治療事件。

金柏利・李瑞（Kimberlyn Leary, 2000）早在這些作者三年前就寫過一篇文章，她當時說的事情就算放在今天也非常重要，就像關係學派和其他團體的人都在試圖意識到有白人優越性（whiteness）、一般性的種族問題以及其他相關問題。李瑞（2000）使用「種族共演」（racial enactment）這個詞，來描述治療師與個案對於種族或種族差異的文化態度，是怎麼在臨床情境中具現化（actualization）出來。

班傑明最近的文章在講分析師對共演的貢獻（2018）。她告訴我們，分析師必須去承認（acknowledge）自己對個案同調失敗（failures to attune）和／或自身解離的部分，會與個案產生碰撞，並與個案受傷的感覺有關。若進展順利，這樣的承認能協助治療中的兩人做出調節，使分析師與個案的自我狀態產生改變，是在處理共演時很重要的事情。

布隆伯格（2013）則是把共演定義成是治療師與個案間的相互解離（mutual dissociation）。他告訴我們，共演，是個案被解離的自我狀態，正在試著對分析師傳遞些什麼，那
102 是個案真相（truth）的某些面向，這些東西是分析師在意識上沒辦法思考或闡明清楚的（Bromberg, 1998）。所以在這些不屬於我（not-me）的心智狀態能在意識上被理解與反思之前，分析師與個案就只能用治療關係中的共演行為來溝通（Bromberg, 2013）。

共演是否被過度理想化？

有些學者會質疑，關係學派精神分析把共演看成唯一能獲取解離內容的手段，會不會太高估共演的價值了？確實，關係學派的文章中充滿著共演的例子，描繪著共演一旦被看見與修通，就能造就治療的重大突破，這通常都是透過一些戲劇性的事件，若沒有這些事件也就不可能有機會接觸到個案被分裂掉的材料（參見 Davies, 1999 文章中強而有力的案例）。但泰德・雅各（Ted, Jacobs 2002）就給出警告：儘管許多共演能被成功分析並用在正面的目的，但還是有些共演是如此的難受與痛苦，那遠遠超過能處理的範疇，並且會威

脅著、或實際上確實會永久性地破壞治療。

馬洛達在 2020 年一篇很重要的文章中，做部分但很有用的文獻回顧，探討創傷、解離與共演之間的連結 103
（Stern, 1983; Davies & Frawley, 1994; Bromberg, 1996, 2000, 2012）。她把共演定義成「一種混合著個案與分析師生活中情緒劇碼的、情感所驅使的重複」。這不單單只是被情感所驅使的一系列行為；那更是對過去事件的必然重複，那些事件因為與無法處理、無法面對的情緒有關，而被深深埋藏在潛意識底下（Maroda, 1998, 2020, p. 9）。馬洛達對共演的定義與我在本章開頭講的簡潔版（並隨著操作型定義而擴展）的工作定義相符，也與布隆伯格的定義吻合。

但同時馬洛達（2020）也同意雅各與其他人的觀點，認為共演可能弊大於利，而且我們不該把共演視作獲得治療中重要素材的唯一手段。之所以提出這種看法，是因為她不認為共演全部都是基於潛意識或被解離掉的內容，布隆伯格常常把共演與創傷跟解離做連結，她覺得是有些問題的。不過她也同意共演常常是個案（或分析師）正在試著溝通一些很重要的真相（truth），她認為分析師應該要試著讓他們潛意識的情緒給意識化，並追蹤他們對個案實際的感覺（為了要對個案有意的涵容或有意的自我揭露），這都能減緩或 104
避免共演的發生。她的說法很大膽，因為這挑戰了傳統對於共演的概念，過往認為共演基本上都是來自於被潛抑的潛意識或——絕大多數都是——**無法被象徵**（unsymbolized）的（在獲得語言前或是因為過度創傷，而無法被反思或編碼進語言的事件或動力）解離材料，是沒那麼容易被意識化的。

若真如馬洛達所說，那麼我會懷疑治療師是否真的有能力去覺察自己的潛意識，與那些或多或少被解離掉的素材（這些部分可能最後會變成共演）。但我確實欣賞她對於意識（consciousness）有不同層級的想法，我也邀請讀者們一起來想這個問題。她提醒說我們對個案的生氣或其他負向的感覺會累積，導致我們自身的羞愧感或其他困擾我們的自我知覺，然後我們會把這些感受潛抑掉，或至少降級到前意識層次，而不是留在清楚的、其他形式的意識反思，我想這樣的說法應該沒有錯。也許我們能用一些聚焦的方式讓這些情感能夠被意識觸及——儘管我會附註說這只會在特定案例、特定時機下有可能達成。馬洛達也認為心理內容以及我們對這些內容的感受（感到羞愧、厭惡等等）會導致或助長共
105 演，我相信這個觀點也是對的。無論我們是否同意心智內容是可以被擺放在意識－潛意識連續體中，以及這些內容的可觸及（或不可觸及）性，是否能在意識上做反思與運用，馬洛達的論述都有它的價值在。

上述講了這麼多，我希望自己已經夠清楚地讓大家知道我有好好地研讀馬洛達的文章，並且仔細考量過，所以我下面的批判，絕不是無的放矢。我實在搞不懂為什麼她否定共演的必然性與實用性，反而想挑戰共演不可避免的本質，也質疑共演是否是普天下唯一的方式來獲取那些「不可能」取得的心智內容的方式。她發現自己和其他人一樣，都相信共度治療風暴、好好運用共演，會有潛在的治療效益，是溝通

真相的好機會，就像上述那樣。大部分的人認為分析師與個案對治療會漸漸退縮（withdrawal）與抽離，馬洛達也相信這種退縮最終會導致共演，而回復治療師與個案間的關係，將進而對治療有益處。馬洛達認為若臨床工作者或個案持續累積憤怒、羞愧或其他負面情緒，但卻迴避去注意或沒有用其他方式解決，就會變成所謂治療中的退縮。共演有另一個額外的治療性益處，那就是給予治療中必須出現的一個衝突（以及解決衝突）的舞台，當個案或分析師沒有辦法在意識層面直接地認出並參與累積起來的負向情緒時，有這種舞台就變得非常重要。

為未來做準備 106

阿隆與阿特拉斯（2015; Atlas & Aron, 2018）認為共演不只是獲取與修通原本被解離掉、無法觸及歷史素材的一種方法，還是一種為未來做準備的方式。他們認為潛意識的希望與夢境就像是人實現命運的催化劑，透過潛意識的方式在預期跟預演未來。這個概念跟榮格（Jung）的預知功能（prospective function，預知功能指的是透過潛意識的預期——通常是以夢的方式揭示出來——來知曉未來會發生的事情）不一樣，也不是那種神奇的預言（prophetic），而是一個人潛意識地想像、期待與建構未來的可能性。

他們把預知功能跟共演的概念連在一起，做了更全面、當代性的理解：共演，如上所述，是個案與分析師進入對方心靈生活的主要手段，並發現自己能在彼此的心靈中主動參與。

所以這些作者堅稱，共演不僅對那些問題性、重複性的行為具有治療性，共演本身也可能是具有成長性與促進性的，因為共演不僅僅是重覆與修通過去的事情，同時也幫
107 助我們預測、預演並朝向未來努力。這種在時序上的焦點轉換為我們的工作開啟了新的方向。就像是馬洛達與布隆伯格都強調共演是個案在試圖告訴分析師一些重要的真相，阿隆與阿特拉斯也強調了共演健康、基於成長性的觀點，而不是過往基於病理性的模型。馬克與麥克凱（Mark and McKay, 2019）也曾提出用成長－促進式的方式，在工作中將共演做互為主體式的應用。

臨床片段

米雪不知道到底哪種感覺對她來說比較糟——是在移情中對我有所期待，但又經驗到失望、覺得我在傷害甚至是惡意中傷她；還是感到深深地依賴著、愛戀與欣賞著我。去相信與去愛一個人就代表要冒著再次受傷與受虐的風險，一旦這些經驗不再那麼解離，許多成人的倖存者都與米雪一樣，在進退兩難的情境中掙扎著。所以到底要不要試著對我生氣或不爽，也變成了攸關生存的問題。有時候，她會拒絕回答我的問題或不跟我說話，又有些時候，她會提醒我自從她遇到我之後，她到底感到多糟，以及發現我的努力多麼具有誤

導性。她這樣的表達，是把童年那種不斷受到批評與攻擊的
被動式經驗，化為主動式的成人經驗，同時也是一種試圖與
我保持安全距離的方法。縱使這種對我的反擊與令她舒暢的 108
勝利不勝枚舉，但想像有失去我的可能性，也讓她感到恐懼
與悲傷，因為這會讓她得出一個過於熟悉的結論，那就是她
不配擁有我，她終究是個頑皮又不可愛的小女孩，是那種可
怕事情會在她身上發生的孩子，是那種會受到嚇人懲罰的孩
子。

我們之間的共演——有時是語言式的，有時僅是部分感受到的，有時那感受又如此強大；那種非語言式的溝通——都是費倫齊或是近期的學者巴斯講的日常性共演，這類的共演充斥在療程中，占了絕大部分時間。不過無論這種共演是透過哪種傳遞模式，我們都是按照「你怎麼可以讓我失望？」（伴隨著我對自己的斥責——我真的讓她失望了嗎？為什麼？）這套腳本在進行，不然就是「我怎麼這麼難搞又這麼愛發牢騷！你最後一定沒辦法忍受我！你可能現在就已經受不了了！」（而我內心的聲音是——我真的竭盡努力在同調、抱持並跟妳在一起了——為什麼妳就是拒絕看見我有多在乎？）而巴斯所說的那種大寫 E 的共演，也就是前面所說我們大多數人想像中的那種比較嚴重的共演，也偶爾會出現，把我們給淹沒。

隨著新冠肺炎的疫情大爆發，由於我居住跟工作都在紐
約（以及世界各地到處跑），我跟我個案的治療都改成視
訊。改為視訊對米雪來說非常困難，因著疫情狀況讓我們 109

無法實體見面的幾週，甚至未來可能會無法實體見面一年以上，引發她強烈的分離焦慮，以及與依附有關的創傷，當我在打這些文字時，這個狀況還在持續，也許對某些讀者來說，當你讀到這些時疫情都還沒結束。她感到自己正在失去我，而在反移情中，我有時感覺自己好像拋棄她了。在這樣的背景下，大約在因疫情隔離一個月之後的某次治療中，我建議米雪應該要少看新聞，以此舒緩她經驗到的可怕恐懼與無助。

當我這麼說後，縱使隔著電腦螢幕，也可以看到米雪愣了一下（這很顯然不是因為網路延遲的關係）——同時我的胃也抽了一下，在我的心有機會理解什麼之前，我的身體就已經有所反應。並且，這個現象就像是我跟她「正在比賽」（off to the races）一樣。她的眼神有些呆滯，然後溼潤，接著眼淚就開始掉下來。米雪處在一種被侮辱、非常難過跟勃然大怒之間的狀態，問我為什麼要指責她看太多新聞。此時，我也在用自己的方式經驗上述那些感受，並且眼睜睜看著自己試著對米雪解釋我覺得她可能在看新聞上面還是不夠自制，帶給自己過多刺激並且無法調節。她提醒我，她從事
110 的法律工作，需要持續瞭解時事，並毫不含糊地告訴我，我誤讀並錯誤地指責她犯下了她沒有犯下的「罪行」。那天我們並沒有減輕她那高上天際的焦慮，在更加躁動的狀態下結束這次治療。我的感覺非常糟，並對到底發生什麼事感到茫然。

當然我心中已有答案——每當治療室中有如此突然又極

端的「關係溫度（temperature）」變化，通常是因為自我狀
態已有明顯的轉變，那些被解離的部分掌控了我們，而共演
正火力全開。之後幾週的治療氣氛都有些尷尬，我反覆試探
性地企圖把話說開，最後我們才真正瞭解當時發生什麼事。
最後，米雪終於能夠告訴我，她覺得自從疫情爆發後，我就
一直在試圖削減她的感受，但她認為自己對疫情危機嚴重
程度的擔憂是合理的。她解釋說，我太快就把她對病毒的反
應詮釋成是童年危機經驗的重複，而我說「少看些新聞啦」
這種話在她聽起來就像是在「搧風點火」——在告訴她事情
沒有她想的那麼糟。到這邊聰明的讀者應該知道發生什麼事
了。藉由否認或最小化她的不舒服，以及她所知的真實狀
態，我共演了她父母的角色，對她的感受不屑一顧；就像她
當時告訴父母她被性騷擾，但他們的態度卻搖擺不定，還告
訴她太小題大作，並責怪她沒有好好保護自己。米雪很困惑 111
我到底出了什麼問題，為什麼我看起來如此想要否認現實？
而我也想知道自己到底怎麼了。

一旦米雪能傳達自己的想法，我也很快就想起來，自從疫情爆發後，我自己也有很嚴重的焦慮與擔心。我現在明白了，這一定跟我們深陷的共演與僵局有關。因為我自己會不斷嘗試少看新聞，所以米雪的焦慮與想要不斷看新聞的舉動引起了我很大的反應。更糟的是，由於我並不總是能調節好自己，所以我也無法幫到米雪，而這又讓我覺得自己更糟。所以到最後我想至少要裝出冷靜的樣子，來幫她安心一點。所謂的臨床實務就是這麼複雜，治療師與個案會在同一時間

經驗到同樣的危機與創傷。

事實證明，米雪之所以感到被批判是因為我確實在批判她。很明顯地，雖然我沒意識到，但透過叫她少看點新聞（news），我也在告訴她我不想聽到她的訊息（news），而這種溝通應該已經透過無意識的共演持續一陣子了。當她告訴我現在狀況有多糟時，我一直傳達給她的訊息是：我不
112 相信／也無法相信她。一旦我自我揭露了一些對上述狀況的洞察——如本章前面提到的，自我揭露常常是必要的，用以修通共演——她感到非常欣慰。米雪需要我認清現在情況到底有多可怕，而事實上可怕的事情真的在全球發生，由於我意識到這件事（而不是像她父母那樣，否認她被騷擾的狀況），[4] 因此更能好好照顧自己，同時也能夠給米雪妥善的照顧。因此，借助共演提供的後見之明，我們兩個即便是在因疫情分開的狀態，還是能夠一起繼續往前進。

---

1 Owen Renik (1993), ‘Analytic interaction: Conceptualizing technique in light of the analyst’s irreducible subjectivity’, *Psychoanalytic Quarterly*, 62(4): 556

2 說到彈性，請參閱巴斯關於擴展治療框架的開創性工作（Bass, 2007）。

3 我舉個這種日常、小寫 e 重演的例子，有個我督導學生的個案，他從分析師身上經驗到對拋棄自己的母親的生氣（也無法處理他那深深的孤獨感）。由於他對自己生氣的感覺有很大的焦慮與罪惡感，所以這些感受被解離掉，只能用潛意識

溝通的方式來傳達，而分析師則在潛意識上感到被攻擊與貶低。這反過來又喚起了分析師對自身壞客體的共鳴，而感到挫敗與羞恥，進而在與個案的關係中有些抽離。但由於我們在督導時能夠好好解構這些動力，透過檢視督生的反移情反應以及與這位個案相處時的其他主觀感受，所以能夠避免全面性（full-scale）的重演（Bass's Enactment, 2003）。最後，他們在移情－反移情中處理了這個較輕微的衝突（collision）（或是重演，如果你想這樣說的話），而沒有造成混亂與僵局，那些是我們在想像最典型、全面性的重演中會發生的現象。至於後者說的那種典型的重演，我會在本章最後的案例中談到。

4 正如費倫齊（1932/1949）過往所說的那樣，當那些負責保護和照顧我們的人，不相信孩子受到虐待，孩子就會受到二次傷害，而這種傷害可能比原本的還要致命。

【第 7 章】

113 情感調節、依附與身體

> 借鑑於依附研究……臨床研究者常常把父母自身未解決的創傷，看作是造成孩子混亂型依附的成因……這樣的家庭歷史……把創傷與羞辱感連在一起……若我們能對自身那羞辱性的脆弱感能更加地開放與反思，就可以成為個案心智化的楷模，也能夠幫個案對承自父母的羞辱感去毒性化。
>
> ——大衛・沃林[1]

情感調節

無論是嬰兒或成年人，活著與生存最大的關鍵就是生理（呼吸、對身體的控制感與踏實感）與情感（情緒上）
114 的**自我調節**（self-regulation，透過自動性的調節來控制與掌控），以及相同狀態彼此間的調節。而**相互調節**（Mutual regulation）是兩個主體間依賴與相互依賴的雙人舞，透過重要他人（通常是母親）運用特殊的韻律，來回應嬰兒生理上與情感上相呼應的需求，這個歷程是發展的核心。分析配對（analytic dyad）也是同樣的概念，在嬰兒期或童年早期是嬰兒與母親間的關係，而之後在治療室中就變成了個案與分析師的關係。父母會去模仿／鏡映嬰兒因不舒服而發出來的聲音；同樣的，治療師透過語言、面部表情、呼吸與其他身體線索，來捕捉個案的感受。

個案與臨床工作者兩者的需求狀態（need states），是關係取向治療師努力的重點（當然，由於治療中的不對稱性，我們會把個案的需求擺在更優先的位置）。這邊又再次提到，若我們接受當代精神分析中兩人心理學（參見第二章）的概念，那麼追蹤治療師自身的需求狀態就變得非常重要。學習去辨識分析配對中兩人的需求（根據班傑明〔1988, 2018〕的說法，能夠認出父母／分析師的需求，是一種發展上的成就），有助於個案瞭解自己，以及他們自身調節／控制的能力，還能幫助他們忍受負向的情緒與身體上的緊張。我們在工作時其實有個假設，那就是身體與心靈 115
間很難有明確的界線，我們透過身體（soma）來接觸心靈（psyche），反之亦然。

被過度焦慮或是自我調節有困難的父母養大的孩子，通常會發展出一套有問題的自我調節系統，讓他們在成人時的人際關係產生困難。在這種狀況下，解離——或過往我們稱之為自閉性防衛（autistic defence）就會變成主要的防衛機轉。

嬰兒研究

畢比跟拉赫曼（Beebe and Lachmann, 2003）有提到，

調節理論（regulation theory）（參見第 113 頁的自我調節）是起源於當代的**嬰兒研究**，最早可以追溯到 1960 年代路易士·桑德（Louis Sander, 1969, 1977, 1995, 2002）對母嬰之間相互調節與自我調節的研究，他受到溫尼考特（Winnicott, 1965）與其他精神分析理論的影響，也受惠於皮亞傑（Piaget, 1965）的發展心理學理論。他與丹尼爾·史騰（Daniel Stern, 1971）、貝特森（Bateson, 1970）、布拉澤頓（Brazelton, Kozlowski & Main, 1974）反過來把系統理論的知識與嬰兒研究應用在精神分析上，也與特羅尼克（Brazelton, Tronick, Adamson, Als & Wise, 1975; Tronick, Als & Brazelton, 1977）以及其他學者做了許多母嬰之間臉對臉（face to face）的研究，這些研究非常具有影響力，顯示出母－嬰／治療師－個案雙方都有參與並共創這段關係。這個
116 領域還在持續發展中，並有著更多用系統取向來就母嬰之間如何相互影響，用以探究父母如何影響孩子這個議題（Bell, 1968; Ainsworth, Bell & Stayton, 1971; Lewis & Rosenblum, 1974; Sameroff, 1993）。

在 1980 年代的臉對臉互動嬰兒研究，開始把重點放在嬰兒透過這樣互動產生的自我調節能力（Gianino & Tronick, 1988; Tronick, 1989; Fox, 1994; Thompson, 1994）。而在更近代，跟精神分析的關係取向浪潮大約同時期，學界開始同時關注人的內在歷程與人際歷程兩者的發展，而非取其一。精神分析開始借用系統理論與嬰兒研究的知識，擁抱我們所謂的**二元配對系統觀點**（dyadic systems perspective）（Beebe

& Lachmann, 1998, 2002），來描述配對中的兩者，會共同創造並相互影響彼此的內在情感與其他認知跟關係動力。換句話說，關係取向與其他當代治療師都會用二元配對的方式看事情（父母－孩子／個案－治療師），看他們是如何被自己的認知、生理與情感歷程所影響——也就是自我調節，以及二元配對中的另一人是如何被同樣的內在歷程所影響。畢比對臉對臉互動的微觀分析研究表明，我們會直覺性地去回應彼此，這個歷程非常快，快到在回應前不可能有時間做意識上的思考（Dougherty & Beebe, 2016）。

當我們把**自我調節**這個詞應用在成人身上，通 117
常指涉了更廣且更深的意涵，像是自我預測性（self-predictability）、調節被激起的感受、調節過往建立的期望、調節幻想或投射（Beebe & Lachmann, 2003）。這包含一個人能夠去接觸、表達與關注內在的情感狀態（Sander, 1983, 1985）。而當這個人在關係中的配對者也能夠同時調節他們自己的內在狀態時，這種合作狀態就能讓調節的歷程生效。

當代的情感調節理論

當代的「情感調節理論」是由艾倫・蕭爾（Allan Schore, 1994, 2003a, 2003b, 2012）與丹尼爾・希爾（Daniel Hill, 2015）兩人所發展出來的，並且很大一部分是承自於彼得・馮納吉（Peter Fonagy）的心智化理論與調節理論（Fonagy, 1999, 2001; Fonagy, Gergely, Jurist & Target,

2002）。在發展該理論時，希爾刻意把精神分析與依附理
論（見下文）、發展情感神經科學、社會認知神經科學，
以及依附理論和心智化歷程這幾個學門連接起來（Hill,
2015）。他的理論強調要有適當的發展進程這點，也讓人想
起皮亞傑的理論（Piaget, 1965）。希爾堅信那些有患有發展
障礙的個案，實際上都受過關係性的創傷（像是反覆被忽視
或虐待；參見第五章），最終讓他的理論以這樣的形式呈
118 現。由於希爾的理論有很厚實的精神分析底子，讓它能夠輕
鬆地整合進各種精神分析取向的學說中，而且特別受到關係
學派的推崇。

正念

賽峰與雷丁（Safran and Reading, 2010）把情緒調節與佛教的正念（mindfulness）練習連在一起。他們指出，近年來佛教以及世俗版本的正念，開始在 1990 年代與 2000 年代初期大量出現在精神分析的文獻中。正念可以定義為是保持對於當下的關注，透過非批判性的方式練習自我接納，並挑戰習慣性的思考方式以及相關的行為模式（Safran & Reading, 2010）。他們將關係取向精神分析描述為「行動中的正念」（mindfulness in action），因為在治療中分析師會與個案一起合作探索非意識的共演（參見第六章）與關係基模。關係學派精神分析的特殊能力，就是能透過辨認出分析師與個案錯綜複雜的多重自我狀態，把解離與分裂

掉的自我狀態合併與整合起來（參見第五章）。治療室中
的兩個人都得要去看見自身不被知曉、過往認為不屬於自
己的那些自我狀態，是如何對彼此造成影響，並讓治療有
前進的動力（在兩方心中升起的想法與感受），而在其中 119
兩人坦誠相見（意思是能夠去同調另一人的心靈內在歷程
與人際場域；參見第四章）。這種歷程非常倚賴後設溝通
（metacommunication）的能力，因為會常常談及治療室中
的經驗，並聚焦於此時此刻。

如果正念是種歷程，那麼這個歷程其中一個重要目標就是調節情感。同樣的，「情感調節」也是很難定義的一個詞彙，在文獻中每個人都提出不同的看法。舉個例子，泰帕萊（Taipale, 2016）認為情感調節原則上包括監測與評估情緒兩部分，讓一個人能維持情感或抑制強烈的情感。這跟賽峰與雷丁的概念就很不一樣（Safran and Reading, 2010），他們認為情感調節實質上應該是幫助人忍受（tolerating）負向情感狀態，而不是抑制。也就是說，有些人把情感調節看成是一種與感受有所距離的歷程，而另外一些人則把情感調節看成是健康地去擁抱感受。我自己的看法是我們得在表達與抑制間取得平衡，因為這取決於個案的心智結構，縱使感受是好的，但有時抑制是為了要對抗被那種被「過度感受」淹沒的張力。

另一個有關的話題，就像第一章所說的，本章中許多詞彙根據不同的學者有不同的定義，不只如此，我們又再次面臨到巨大的語意挑戰，就像是在閱讀關係取向的文獻與一般

120 精神分析取向的文獻，還有發展心理學的文獻時，我們會發現有許多術語是重疊的，也會被它們微妙的差異搞糊塗。有些時候，調節、情感調節、調節理論、情感調節理論、當代情感調節理論與情感調節療法（affect regulation therapy，簡稱 ART）之間的差別只有一點點，而且有時候這些差別只是因為脈絡或作者的用法不同，而不是它們實際意義有所不同。

過多與忍受

在結束這個話題前，我想提醒讀者，傳統上，心靈能量指的是佛洛伊德在驅力理論中提到的力比多。他將力比多視為所有人內在都擁有的能量系統，而這套系統（不需要客體的系統）是所有心智活動跟神經功能的驅動力（Zepf, 2008）。相反的，班傑明認為情感狀態是在互為主體性領域中共同建構的，並且會被一種關係張力所驅動，她把這種張力比喻做關係性的力比多（relational libido）或關係性能量。這種張力狀態或關係性力比多跟佛洛伊德的驅力概念其實很像，卻又截然不同，因為這種能量是存在於人際之中，而不像佛洛伊德驅力理論中所說，是一種只存在於心靈內在的能量。

121 班傑明（2004）認為情感調節就是忍受（tolerance）這種張力狀態的能力，那些「過多」（excess）的張力會被經驗為無法承受的感覺。這種張力的過多源自於被他人不適切的理解，在這種狀況下個體無法調節自身，也因此自我也無法藉由創造意義來做整合。她認為互為主體性的療法（像是關係取向精神分析）在面對這種困境時有辦法提供適當的抱持（holding）、涵容（containing）以及最高階的形式——反思，來協助個案情感調節。在治療中共同建構這種必要的忍受能力，是關係取向治療的核心，而情感調節是發生在治療中互為主體性的、第三方的空間中（參見第四章）。只有分析師自身能夠真誠，不對自己的感受太苛刻，能夠足夠好地（good-enough）調節自己情緒時，才能夠好好地協助個案做到這件事。

依附

依附理論是由約翰・鮑比（John Bowlby）所提出，試圖概念化人類的社會本能、想去「依附著」（attach）、或與他人建立強烈社會性、情感性連結的傾向（Bowlby, 1977）。鮑比與追隨者主要是研究嬰兒與其重要照顧者的關係風格，並提出理論，認為嬰兒期殘餘的依附經驗會成為「工作模式」（working models），在成人後造成負向的人際關係（Bretherton & Munholland, 2008）。基本上，嬰兒與 122
重要照顧者互動的經驗，決定了他們能安心又自在地依賴他人的能力（Mitchell, S. A., 2000; Bretherton & Munholland, 2008）。關係取向精神分析認為這種「工作模式」會持續存在於所有的關係中。因為這些依附的殘留物會成為往後關係樣貌的模板，所以分析師會想要理解成人個案早期的關係史，並透過移情與其他詮釋來處理，像是透過在治療中的共演與其他可行的方式（Mitchell, S.A., 2010）。

有三種依附風格值得一提，它們基本上都是「健康」的，並且常常在工作時和／或我們自己身上看到這些樣貌。這些樣貌是藉由成人依附晤談（Adult Attachment Interview Protocol，簡稱 AAI）所測量出來，這是一種自陳式的晤談，用以瞭解成人的依附功能。這些風格包括：安全型（*secured*），意思是這些人無論講的內容如何（晤談中並不是透過特定的內容來決定依附型態，而是評估一個人對過去經驗的組織能力，這是大部分創傷倖存者無法做到的），能好好地連結過去經驗，對童年有完整的敘說（Mitchell, S. A., 2000）；疏遠（*dismissing*）或迴避型（*avoidant*），用以描述那些對情緒保持距離的成人；以及過度干涉型
123 （*preoccupied*），這些人相當焦慮與矛盾，時常分神並陷在過去關係的困境中。

依附理論並不總是被精神分析接受，因此它對精神分析的影響並沒有那麼深遠，至少在一開始是這樣（Orbach, 1999）。鮑比本人其實也或多或少對精神分析抱有著敵意，也許是因為他受過古典精神分析的訓練所致。他認為精神分析誤把幻想置於現實之上，並相信大部分臨床症狀其實是真實的虐待和／或不良養育所造成的後果（Mitchell, S. A., 2000; Kahr, 2009）。關係性浪潮的運動想擺脫古典分析這個基於驅力的幻想，並瞭解一個人真實的關係歷史，這讓精神

分析與依附理論比過往劃分得更清楚（參照第五章論創傷的部分）。事實上，對關係取向精神分析來說，在理論上區分現實與幻想其實沒什麼意義。相反的，關係取向精神分析師對幻想與現實之間是如何互相影響的感到有興趣。儘管如此，關係取向的分析師們還是與驅力理論背道而馳，加入了鮑比的陣營，因為古典理論的邏輯讓他們難以接受或妥協。

佛洛伊德對於嬰兒的概念（是僅基於成人的行為），也與關係學派與依附理論想像的嬰兒有很大的不同，去區分這兩者還滿重要的。佛洛伊德口中的嬰兒應該是精神分析中最早談到的嬰兒概念，這個佛氏嬰兒（Freudian infant）只是 124
個驅力的綜合體，缺乏複雜的內在結構或多元的自我概念。此嬰兒只有個簡單明確的目標，就是要減緩張力狀態，而達成此目的的手段通常是靠自己（舉例來說像是自體性慾〔autoerotism〕或是自戀式的滿足追尋〔narcissistic pleasure seeking〕）。相反的，關係取向口中的嬰兒是社會性的。佛氏嬰兒透過願望滿足（wish fulfilment）的機轉被幻想（fantasy）所支配，而關係學派的嬰兒會直接對外在世界做反應。當然，關係取向的嬰兒也會觸碰自己的內在世界，但外在世界的重要他人對嬰兒來說還是非常重要（Atlas, 2018）。同樣的，在鮑比的依附理論中，嬰兒的需求與經驗被看作是高度複雜的事情。嬰兒天生就會渴望在情感上被照顧者同調（attuned）（舉例來說，「依附著」〔ttached〕就是這種狀態）：他們會根據心中的這些目標來組織自己的行為；他們會盡一切手段來維持與照顧者的依附，即使這樣很無理取鬧；而在依附中最常見的問題，就是父母沒有能力支持與維持嬰兒要舒適、有安全感與情緒上被安撫的需求（Slade, 2004）。

透過依附關係來做情感調節

若發展順利，一個人一開始會透過與重要他人（也就是
125 依附對象）的互動學會情緒調節，而後變成自己的能力。當依附沒有被安全地建立起來，照顧者與嬰兒間有沒有良好的情緒調控的話，就有可能出現病理性的發展（Eikenaes, Pedersen & Wilberg, 2015）。學者們有列出，母嬰在依附互動中會有不同程度的協調性，這種協調性有可能被打斷或具有問題，尤其是在父母試圖調節孩子或自己的情緒變得太過度或失效時，就很容易出現狀況（譯按：例如孩子鬧得太厲害，媽媽的情緒會失控）。舉個例子，賽峰與雷丁（2010）就曾描述，過度依賴用情緒與孩子互動的父母，無論孩子是否能接受或已經在做，父母都會強迫並持續跟孩子有眼神接觸，進而把孩子給淹沒。當然還有其他不良的互動模式，舉另一個例子，孩子會模仿父母在面對負面資訊時恐慌的樣貌，以及強烈的情感行為反應。發展／心理治療最終的目標是，讓孩子／成人個案能感到關係中所有的感受都是能被忍受的，並且這些感受是能夠安全又如實地被經驗，而這個孩子／成人也能夠安全地去經驗孤獨感（aloneness），而不會因此就崩潰或感到被過度侵擾（over-impingement）。若沒

有成功地在這些發展任務中達成平衡，最終的目標——情感調節也就變得不可能實現。

我們可以看到心理治療的歷程跟依附其實很相似，是
種透過重新共演（re-enactment）自身歷史和當前的依附樣 126
貌，來進行修通的嘗試。這讓個案能夠發展出一套新的敘事，來理解自己是誰以及自己是如何經驗關係的。我們可以從比昂（Bion）涵容者／被涵容者（container/contained）的概念來看待這樣的歷程。根據比昂的說法，個案自身感受到的不好的感覺或其他無法理解、無法消化的情感（通常是父母過多而無法存放的情感投射到孩子身上，某種程度上，他們也無法區分什麼情感是來自嬰兒／孩子，什麼是自己的情感）會被分析師（最原初是母親）接住，直到個案（孩子）能夠在之後重新內攝這些情感的修正性版本（歸功於上述發展出的新敘事）。

神經科學對依附與調節的貢獻

蕭爾夫婦（Schore and Schore, 2014）指出，嬰兒在依附中與照顧者的溝通主要是由右腦掌控。這種溝通不是透過語言，而是透過與母親臉對臉的交流、具有情感性的聲調這種聽覺的表達，以及非語言、觸覺－手勢性的身體接觸。嬰兒
在接收與母親（照顧者）互動中所有非語言訊息時，右腦幾 127
乎都會瞬間傳達與回應。在往後的生命中，這些非語言的溝通會出現在心理治療與所有的關係中，成為依附的手段，從

中參與自我或相互調節的發展。

在結束這個主題前，我想特別指出神經科學對依附理論的重要貢獻。鮑比認為依附連結主要是透過母親（或主要照顧的客體）對嬰兒的恐懼與其他負向狀態的安撫與調節（Bowlby, 1977）。現在有可靠的證據顯示對主要依附對象的安全感，不只能向下調整（平靜下來與最小化）恐懼與其他負向狀態，還能向上調整（刺激與增加）正向情緒像是深愛、好玩（playful）與其他正向狀態。因此當我們評估依附關係（一方面是發展性功能，一方面是此時此刻個案與分析師間的關係）時，應該不只要評估平靜與安撫的能力，還要評估刺激嬰兒／個案進到開心、有興趣、專注與興奮狀態的能力。這樣的正向情感對大腦與情緒發展很重要。這邊提另一個例子，對關係取向的分析師來說，治療關係不只是一種評估依附風格的方法，還是一種實際的治療技巧，根據個案的需求來向下或向上調節（Schore & Schore, 2014）。

128 情感調節與依附理論不僅是認知歷程。雖然這兩個理論確實都源自於身體（the body），也透過身體所表達。笛卡爾的身心二元論（提倡心靈與物質應該被分開來看）從一開始就讓古典精神分析很困擾，雖然佛洛伊德早期曾預測未來人類會對生理學有更多知識，有朝一日能用生理學的方式來解釋精神官能症。這個論調在關係學派中有更大的進步，我們認為可以用心靈來接觸身體，也能透過身體接觸心靈。

身體

打從精神分析時代最開始時，一個人身體（body）與心靈的互動就讓臨床工作者們深深著迷。佛洛伊德之所以對性這麼有興趣，有很大一部分原因是他把性視作身體與心靈的交會點（Atlas, 2018）。在 1923 年，他發表了著名的文章〈自我在最一開始是身體上的自我〉（the ego is first and foremost a bodily ego），並把身體視為自我（self）的重要成分（Freud, 1962, p. 26）。在之後佛洛伊德學派的理論中，身體被看做是驅力的承載者，而身體的感官會渴望能量釋放進而對心靈有所求。從這個觀點來看，驅力是生物性的，而且嚴格來說是源自於身軀（soma），所以是身體驅動心靈（Aron, 2015）。

儘管如此，精神分析並不總是承認身體的重要性，反而是當代的關係學派觀點比過去半個世紀的精神分析理論都 129
還要重視身體（Slavin & Rahmani, 2016）。正如這些學者所說，我們是透過身體來經驗這個世界的。不只如此，他們還強調，我們不只感受我們的身體，我們還會用我們的身體思考。想法、知覺、感受、恐懼、失敗與勝利這些事情都仰賴於身體知覺。心抽了一下、胃絞了一下，緊咬的下巴或是緊繃的肩膀，這些都是發生上述這些事情時會有的生理與身體表現。

阿隆（2015）更進一步指出，當我們還是嬰兒時，身體實際上是由別人來照料的。如果身體能驅動心靈，而心靈又像是關係學派思想家所強調，有很大一部分是靠社會發展而來，我們從中就能看出嬰兒在年幼的情境，被好好地呵護與被用心地觸碰到底有多麼重要。由於嬰兒是被照顧的，阿隆把嬰兒這種無助的狀態稱之為「互為主體性的身體自我」（intersubjective-bodily-self）（Aron, 2015, p. xx）。回到比昂跟班傑明的理論，他們對精神分析有個很大的影響，那就是描述出那種抱持與消化無法承受的張力／情感的樣貌，這不只是在認知上，還是一種生理上的經驗。

130

身體是社會性的產物

精神分析在討論身體的重要性這個主題時，通常會反映出關係學派與古典精神分析對於驅力理論的歧見。對關係學派的人來說，身體是個社會性的產物，而不是驅力的容器。但有趣的是，雖然自從佛洛伊德死後，心靈與身體在理論上越來越沒有分裂，但無論是當代精神分析還是偏古典的精神分析，對身體的概念都保有差不多的地位。關係取向的人堅信，身體的重要性在於，它代表著與過去失去的、根本的經驗重新做連結。佛洛伊德對驅力的堅持在很大程度上不被關係性運動所接受，但不管是哪個學派，有個重點始終不變：身體是承接我們最核心心理需求與慾望的、最高的動作主體與容器（see also Orbach, 2019）。

對身體這個概念的討論也反映出了精神分析思想中「性」（sexuality）的重要地位。關係學派運動傾向將性的焦點放在一個人內在對性感受的互為主體性前因（antecedents）上。一個人能夠感受性是私密與內在的，同時也是與重要他人之間的兩人交流，舉例來說，這種交流可以是孩子與父母之間、個案與分析師之間。性的感受其實是在一來一往的關係中，細膩且經驗性地被建構出來，而透過治療中的雙人配對，我們也有機會去修通這個圍繞著親密感 131
與性的其他面向的議題（Kuchuck, 2012; Atlas, 2018）。治療室就跟童年的家一樣，有兩個心智存在於此，同樣也有兩個身體存在著。

身體是心靈的真實訴說者

由於身體與心靈有不可分割的關聯，所以精神分析必須要設法找到身體經驗的語言（Benjamin, 2004, p. 151）。佛利斯（E. F. Fries, 2012）提出了**具身化**（embodiment）（心靈透過身體來表達自己的方式）這個概念，來描繪關係學派分析師是如何在治療中，接觸那些用身體化編碼的（somatically encoded）、前象徵的記憶素材，並與之工作。

賽拉文與拉馬尼（Slavin and Rahmani, 2016），以及其他在第一章曾提及的學者，都曾提過語言常常會混合著身體的象徵。這反過來又強調了我們其實常常用身軀在思考與經驗事情。舉例來說，當個案在說自己很緊張時，如果我們無法接觸自己身體緊張的經驗，就無法理解個案在表達什麼。

班傑明曾描述過一個被理智化侵入（penetrated）所掌

控的個案（2004）。這位女士之所以會來接受分析，是因為
她有強迫性地用硬物插入自己陰道的習慣，她擔心這會對
她的陰道帶來永久性的創傷。班傑明並沒有像個案期待的那
132 樣，用強制性與象徵性的詮釋來「插入」她，而是透過理
解，相信她需要的是被抱持而不是被侵入，以試圖調節個案
的情感。在班傑明的概念化中，個案需要透過理解來被安
撫，而不是在身體或其他地方進一步受到興奮與緊張的刺
激。班傑明提供給了個案一種涵容性的經驗，這種經驗是個
案在發展過程中缺乏的，也因此讓她無法做出情感調節，壟
罩在強迫性跟過度興奮的陰影中。

身體可以被解讀為心靈的真相。反之亦然，因為兩者都不是單獨存在的（Cornell, 2009, 2015, 2016; Sletvold, 2012）。當個案與臨床工作者帶著自己的身體與診斷，與其他裝在其中的資訊來到治療室中，關係學派分析師會對這些經驗抱持著正念的態度（Federici-Nebbiosi & Nebbiosi, 2012; Sherman-Meyer, 2016）。這些經驗可能與認知或是身體上的經驗有關，像是情感、創傷，以及個案承受這些張力狀態的能力，這也可以看出個案與重要他人之間的依附品質，以及其他生理性的狀態。分析師本身必須要能夠具身化（become embodied），意思是必須要把身體（而不是只有心智）當作是個研究與溝通的單位。

臨床片段 133

我與米雪一起進行了幾年的治療，她的焦慮、對關係的不安全依附樣貌開始用各式各樣的方式浮出水面。一開始時，就像第四章末提到的，她用理智化的防衛來接觸治療，這在許多創傷倖存者身上很常見。這時的治療感覺都像在打水瓢，或只有最低限的感受。當知道她被虐待的歷史後，我明白米雪的這些舉動是種防衛性反應，為了讓自己不要與我有依附關係。她那不可靠的父母因為酗酒、憂鬱與他們自身童年的創傷等種種原因，無法把心思放在米雪身上，也無法成為米雪安全依附的對象。他們也無法保護米雪免於現實生活中惡人的傷害，這個惡人搬到他們家隔壁，是米雪家庭的朋友，但事實上他會在晚上過來性侵米雪。依附的樣貌，一如既往，在童年被牢牢地內化了，變成了一套內在的模板，而往後所有的關係都必須遵從這個模板。

對於她往後生命中的客體——她的配偶、同事、我——她一開始都得與他們保持距離，畢竟有這樣的過去，她對人的不信任也是合情合理的。隨著時間推移，她變得越來越勇敢，也能讓自己與我更親近（她與其他人的關係亦然）時，就開始面臨著進退兩難的處境。一旦與我建立了一定程度的可靠關係與信任感，她就開始喜歡我，開始在我們的治療中 134
找到快樂與幫助，儘管她不會說出口，但我會說她開始欣賞我、需要我，並且依賴著我。當然這對她來說意味著危險，因為她現在幾乎無法把與我保持距離這件事正當化了，而且防衛也開始軟化——尤其是解離的防衛機轉，就像我們在第六章提到的。也因此，在我們關係中有更多的情感出現。就像之前討論到的，我有時候會被她經驗成是她可怕的、缺席的父母，或是那位會虐待人的家庭友人。而其他時候，她其實能去關心我，也能接受我的關心。

當兒童的自我狀態與依附樣貌開始充斥在治療室中時，那長久以來被否定的依賴需求，伴隨著報復的渴望回到了她身上，這淹沒了她。原本理智化防禦與平淡的感覺，現在被不穩定的情感、因週末或我開始休假產生的分離焦慮、悲傷的風暴、憤怒感，與幾乎無法忍受的寂寞與絕望給取代。雖然她能夠用語言來表達自己最痛苦、最可怕的經驗，但有時候還是會不斷落淚，也會出現身體化的症狀（somatic symptoms）。她開始胃痛與頻繁地頭痛，這是自從她童年後就不再發生的症狀，現在又復發了。當這些身體症狀發作時（若我可以的話），我就會試著讓自己的呼吸平靜下來，並盡可能靜靜地坐在那邊陪她。我會試著讓自己能自我調節（我並不總是能做到，因為分析師也可能會被這些感受影響
135 並且失去調節能力〔就像第六章案例中詳述的內容〕），這樣也會讓我有能力幫助米雪。有時候我會請她深呼吸，或運用一些正念的技巧幫助自己，其他時候我就只是靜靜地陪著她，讓她能夠意識到我的冷靜，以及某種程度的同理性同調，重新幫助她平靜下來，並能再次能調節自己。

我提醒米雪，若在兩次治療間覺得太過痛苦與恐懼，自己一人無法承受時，她可以（甚至「應該」要）打電話給我

或寄電子郵件給我。她也確實曾發過幾封電子郵件給我，當被虐待的記憶傾巢而出，痛苦無法被忍受時，這個舉動能幫助她抱持與調節自己。但是當這種很壞的感覺開始瀰漫時，她又會開始深信自己沒資格被我照顧與保護。她開始擔心會淹沒我（無論是她的恐懼或是她的願望），她覺得自己是如此予取予求，我一定會拒絕她並且懲罰她，就向她父母曾經對她做的事情一樣。這種害怕被我拋棄的感覺阻止了她繼續向我求救。在當時，為了處理這種狀況，我與這獨特的個案，有了個特殊的協議。

我們立下了一個「合約」，她每天最少要寄給我兩封郵件，但我建議最多不要超過五十封。這讓她大笑，並照著我的期望做——那就是我允許她測試我的底線，看看我是不是一個有能耐的客體，真的不會因為她的需求而懲罰她。她從未濫用這種能寄信給治療師的特權——我也知道她不會。相
反地，我有時候還得提醒她要堅持每天寄信，那禁制與解離 136
的深淵還沒有完全離開，可能會吸走那些好不容易新找到的感受、需求、依賴與生存的感覺。

---

1 David Wallin (2014), 'Because connection takes two: The analyst's psychology in treating the "connection-resistant" patient', *International Journal of Psychoanalytic Self Psychology*, 9(3): 200, 207.

【第 8 章】

137 種族、性別與性

> ……最常見的種族性共演（racial enactment）就是我們對種族問題保持相對的沉默。儘管精神分析已經闡明種族歧視背後是投射機轉在運作……但我們對種族與種族差異的有效臨床理論始終發展緩慢。這種……理論的延滯……部分是因為傳統精神分析理論認為種族（假設傳統理論確實有談論到種族議題的話）是社會學的問題，而不是心理學的問題。有鑑於此，種族問題不在精神分析的探討範圍內。　　——金柏利．李瑞[1]

交會性

交會性（Intersectionality）這個詞在指種族、階級、性別、性傾向、年紀、宗教信仰與其他社會標籤彼此之間會
138 相互影響，並且會塑造與影響一個人的經驗與社會互動方式（Harris & Bartlow, 2015）。一個人的自我許多上述的面向，總是或經常是要隱藏的、受社會建構的，並透過一些生活經歷，像是種族暴力、歧視、恐同症等等，從根本上影響我們的內在生活。分析師與個案會認同攻擊者，內化迫害性

的客體，並且用代間傳遞的方式把這種創傷傳承下去，這些事情是關係學派分析師關注的重點。不過若在治療中出現具有上述那些個人性或交會性的素材時，那些在治療中的動力、修通移情－反移情的挑戰、共演、共同建構有用的敘事，以及其他相關的治療介入，都會變得更加明顯與有效。尤其是在上述那些狀況下，個案很可能會把各種情感解離掉，像是羞愧、罪惡、創傷與恐懼，而當個案與分析師之間有類似性、歧異性或脆弱性時，更增加了治療的挑戰，也為關係學派的治療提供了肥沃的土壤。

從歷史上來看，我們很難說精神分析有某個領域需要理論上的改革。不過我認為關係取向精神分析對這些社會現象的思考，早已比任何一個當代精神分析學派還要來得多。就像第一章提到的，關係學派的運動讓精神分析從只關注幻想與內在心靈的內容，轉而關注實際的、真實的、外在的、系
統性的議題，這讓我們能擴展對精神分析理論的瞭解，並在 139
治療中將這些技術應用在各式各樣的社會議題上。

佛洛伊德受到歐洲啟蒙運動的影響，尤其是在涉及性別差異的議題上。這種啟蒙思想在當時影響力之大，導致早期精神分析都在尋找定義中所謂的「正常」，並推崇貞節、兩人、異性戀的關係，把之視作社會公民的指標（Shapiro, 1996）。就像夏皮羅（Shapiro, 1996）所說，在關係取向思維之前，精神分析對性與性別的看法，一直讓特定領域的人掙扎著想把自己與這些既定的價值與假設區分開來。之後主要是因為女性主義、酷兒與後現代批判主義的興起，迫使分

析師們必須進行糾正性的自我反思，使精神分析有所進步，對這些特定領域持有更具彈性，更少病理化的觀點。最後，性不應該被視為本質主義（essentialist），意思是只把性當作是種類別（像是性別），在底下（本質）好像有個現實或天性，能夠定義這些客體或分類。

性與性倒錯

多元化（Diversity），或是說非異性戀本位主義（non-
140 heteronormative）的價值觀，其實在真正關係運動開始前，就已經被關係取向的學者拿出來討論了。史蒂芬·米契爾是率先挑戰這個概念的精神分析師，在最先出版的文章中（1981），質疑把相同性別的客體選擇病理化這件事。此時精神疾病診斷與統計手冊（Diagnostic and Statistical Manual, DSM）系統已經把同性戀從診斷中移除七年了。就像接下來會討論到的，那些追隨他腳步的關係學派同儕，也仿效他推翻了過往對性倒錯的定義，把所謂的「有效」（valid）的性客體選項，轉往更廣的範疇（當然不是無限上綱）（Dimen, 2001; Stein, 2005a; Saketopolou, 2014a）。

佛洛伊德（1949）在 1905 年，將正常的性行為定義為男性與女性間的交媾（intercourse）。他繼續指出，除了這種所謂的正常性關係外的幾乎所有性關係，都屬於性倒錯（perversion）的範疇，儘管他也表明，大部分的人也時常有性倒錯的舉動。這是精神分析一直遵循的標準——

直到關係性浪潮出現才有所改變，不過或多或少，這也是被當時的社會風氣所影響。關係學派分析師妙麗兒・迪門（Muriel Dimen, 2001）就寫過一篇文章叫〈其實倒錯的是我們？〉（Perversion is us），從標題就開始挑戰讀者，因為她想要挑戰那些早年、古典對「所謂正常」的假設。她認為我們妖魔化倒錯這個詞（這個詞本身變得有貶抑化與他者化〔othering〕的意涵），其目的只是為了要讓我們自己感到好過，她說：「性倒錯這個詞把界線跨越（boundary across）這件事給標籤成你好像是個罪犯一樣。」若我們能
待在所謂正常的領域中，則能讓自己感到安全，免於羞恥、 141
厭惡與焦慮的感受（Dimen, 2001, p. 838）。

在露絲・史坦談性倒錯的文章中（Ruth Stein, 2005a），她也觀察到我們每個人身上都有性倒錯，但是以光譜的形式呈現，並強調我們必須要與過往定義的「正常」分道揚鑣，因為性倒錯也是我們身為人很重要的一部分。在她的理論與臨床案例中，史坦探究了關於權力、控制、誘惑、享樂、痛苦與更多在關係中早就存在的性或非性的倒錯議題。這兩位作者引領關係取向思想家對性這個領域有更多理解，但很可惜都英年早逝（〔Dimen, 1991, 1996, 1997, 1999, 2001, 2005 among others〕與〔Stein, 1995, 1998a, 1998b, 2000, 2005a, 2005b as well as others〕）。迪門對精神分析的性別學術研究與文化因子的探討，也非常重要（Dimen, 1991, 1995, 1997; Bergner, Dimen, Eichenbaum, Lieberman & Secrest, 2012; Corbett, Dimen, Goldner & Harris, 2014）。

性傾向與性別認同

近年來，性傾向與性別認同這兩個獨立但彼此相關的現象，開始不被大多數的關係取向思想家視為二分法，而是流動性的狀態，它們也與種族、階級與其他社會因素相互交會
142 （Saketopoulou, 2011a）。當代大部分關於性別和性的文章都是建基於潔西卡・班傑明的學術基礎上。班傑明早期出版的書與文章使這個領域有重大的進步，讓關係學派精神分析能夠從一開始就將女權主義理論與性別研究納入精神分析理論的基礎方法學中（Benjamin, 1988, 1995, 1996, 1998, 2004; Benjamin & Atlas, 2015）。

近年，班傑明在另一篇新發表的重要文章中（2018），對性別、性、相互認識與互為主體這些概念的思考，又更推進了一步。在眾多學者中，她引用了佳麗特・阿特拉斯（Galit Atlas, 2016a）的文章，佳麗特在她極具影響力的書中談及（主要是女性的）慾望與渴望（desire and longing），並用難以捉摸（enigmatic）與實用主義（pragmatic）兩個詞彙來建構其理解。阿特拉斯在女性性慾這個主題上，對精神分析有很大的學術貢獻，讓她成為最重要也最多產的關係學派學者之一（2011a, 2011b, 2012a, 2012b, 2013, 2015, 2016a, 2016b）。安德烈雅・瑟倫扎（Andrea Celenza, 1991, 2014 among others）也對女性性慾、男性與女性情慾、以及分析師在性上面的界線跨越這個領域做出很重要的貢獻，沙莉・比約克倫（Sally Bjorklund,

2012, 2019）、史黛芬・哈特曼（Stephen Hartman, 2013, 2017）、之前提過的喬納森・賽拉文（Jonathan Slavin, 2002, 2016, 2019）與艾爾・羅茲馬琳（Eyal Rozmarin, 2020）也都為性別與性這個主題做出了很大的貢獻。

埃德里安・哈里斯（Adrienne Harris）對關係學派精神分析有非常大且多樣的貢獻。她在 2005 年出版的書以 143
及其他著作（Harris, 1991, 1999, 2000）中，提到了許多對性別的後現代概念，來挑戰傳統上對性別的線性發展觀，很多關係學派的學者也是如此。哈里斯認為孩了是在一個多重配置（multiply configured contexts）的脈絡被性別化（become gendered），而性別其實較不具有本質性，比較是建構性的概念。社會、文化與家庭常模等等的因素都會影響一個人的性別認同。同樣的，維吉尼亞・高德納（Virginia Goldner, 1991, 2011）、肯・卡本特（Ken Corbett, 1993, 1996, 2011）、喬納森・賽拉文（2002, 2016）、凱蒂・金媞利（Katie Gentile, 2009, 2011, 2015）、吉兒・金媞利（Jill Gentile, 2016a, 2016b; Harrington, 2019; Grill, 2019）以及我自己（Kuchuck, 2012, 2013）都有提過關於性別、性傾向與性表達，以及慾望的一些特定元素。有些關係學派的學者也開始探討跨性別（transgender）與該族群的精神分析取向治療，這是個新興的領域，學者們大多集中在本質主義（essentialism）、具身化（embodiment）、社會常模與禁忌這些概念上。阿芙吉・薩克托普魯（Avgi Saketopolou, 2011b, 2014a, 2014b）、珊德拉・希爾曼（Sandra Silverman,

2015）、維吉尼亞·高德納（2011）、梅蘭妮·蘇歇（Melanie Suchet, 2011）、格里芬·漢斯伯里（Griffin Hansbury, 2005a, 2005b, 2011）、埃德里安·哈里斯（2005, 2011）等等的學者，也都對這新興學門有貢獻。

高德納（2011）指出，跨性別者挑戰了古典精神分析的假設，他們顛覆（undermining）且重構（reifying）了性別二元論。跨性別已經不是特殊領域，而儼然變成一種文化，
144 我們也讚賞那些鼓勵與改善自身性別狀態的人。若我們把男性特質（masculinity）與女性特質（femininity）看成是兩種互斥的結構，那麼就會出現很多問題。性別特質的分裂不可避免地會讓人們害怕二元論會被混淆，以至於無法有「跨越」（cross over）彼此的起手勢（Goldner, 2011, p. 159）。高德納也質疑當今社會嘗試（也很成功地）把跨性別者給病理化。如果跨性別主義是不正常的，那麼我們是否也能說，認為性別有「常規性」（normativity）框架，也是出自我們自身的強迫式防衛（obsessive defence）？換句話說，「性別是穩固的概念」是否是個幻想就很值得探討；高德納說，若認為性與性別不會在人的一生中，隨著時間自然消退與流動，那只是一種錯覺（illusory）罷了。

種族

在我撰寫關於種族這個主題時，正好讀到梅蘭妮·蘇歇（2004）的文章，其中描寫她自己跟一個非裔美國人個案

之間的移情－反移情動力，這很有趣，因為梅蘭妮是個在南非出生的白人分析師。因種族問題造成的創傷其實瀰漫在精神分析的實務現場，它會化為一種奴役的元素（elements of slavery）在治療中共演。若種族這個動力在治療中淪於猜忌，那麼治療就無法走下去。這邊我們又能看到種族衝突其實是在我們沒有注意到的狀況下默默發生，而且雙方很可能是蓄意在造成這種狀況。這是如此明顯的經驗，正發生在個 145
案與分析師間，但常常被規避掉。值得一提的是，蘇歇在文章寫到，她會與個案檢視雙方之間的真實動力，並討論實際上可能會造成什麼樣的移情，而不是討論外在現實造成的種族刻板印象。她身為白人這件事在移情中被漠視，就像是真實生命中種族造成的影響一般。

在 2007 年的一篇文章中，蘇歇從歷史、政治、精神分析的角度解構了白人優越性，用這種方式檢驗與批判這種由社會建構而來的種族認同。對她來說，黑人與白人作為一種身分認同其實是不穩定的，並一定會受到社會運作（programmable）的影響。確實，對她來說種族確實同時指涉了心理與社會兩種層面的經驗。她也提到了精神分析師們很熱衷於性與性慾的問題，但卻不看重種族與民族的問題，這與實務現場有很大的脫節。在她這篇文章中有個啟示，認為精神分析本質上害怕承認自己的白人優越性，因為若我們承認了，就等於有意識地接受自己認同種族主義，是個壓迫者與侵略者。

克萊奧妮・懷特（Cleonie White, 2016）在討論朵洛西・赫蜜絲（Dorothy Holmes, 2016）的文章時，就著重在社會文化事件對心理上造成破壞性與創傷性的影響，而這些影響許多都還未被充分解決。而關於種族議題（以及其他社會文化現象），赫蜜絲與懷特都提到當前理論的不足，若我們有夠充足的理論，應該能瞭解該議題對一個人發展與治
146 療相關的考量（包括對創傷的反應），而這是有色人種常遇到的議題。史蒂文・諾布拉赫（Steven Knoblauch, 2015, 2017）在一篇主要在講情感調節與具身化的文章中，同樣也提到種族與文化的議題出現在治療室內或是治療室外相關的狀況。拉瑪・庫里（Lama Khouri, 2018）則是以有色人種女性的身分出發，描寫一個巴勒斯坦人在川普（Trump）政權下的美國生活的狀況；恩與翰（Eng and Hahn, 2000）則是談到種族性的憂鬱狀態（melancholia）。另外辛蒂亞・查克（Cynthia Chalker）在國際關係取向精神分析與心理治療協會（IARPP）2017 的年會中有場演講，主題是「在中心的生活與工作：一個美國黑人接受分析取向治療師訓練的反思」，討論了關於種族在歷史上的家庭與文化議題，同時也談到自身作為一個交會性邊緣化分析師（intersectionally marginalized analyst）的挑戰（Chalker, 2017）。

赫蜜絲與懷特除了認為精神分析對於種族議題的理論不足外，她們還強調精神分析的訓練機構也不願正視種族問題或因種族歧視所造成的創傷。我可以附註說明，許多訓練機構最近開始在組建或振興過往死氣沉沉的多元化委員會（diversity committee），這樣的改變通常是受到一些年輕

的精神分析候選人所推動，以及少數的會員與教職員。訓練機構開關於多元化與交會性為主題的研討會也越來越普遍。這些多元化委員會，與課程委員會還有訓練委員會一起，終於一起合作，在選定閱讀教材上最好要選能反思「他者 147
性」（Otherness，這是當前關係學派精神分析很重要的概念〔Binder, 2006; Goodman & Severson, 2016〕）的文章，以便增加有色人種以及其他在傳統上被邊緣化族群的文章被選入的機率。

黑人精神分析演講（Black Psychoanalysts Speak）的研討會與影片（Winograd, 2014）也對這個議題有些貢獻，以及更近期的「黑人生命，不容忽視」（Black Lives Matter）運動[2]，我們會在之後討論。關係取向精神分析當然不是唯一一個試圖討論當代種族問題的理論取向，這些問題包括種族差異、有色人種在教職、督導師資上人數的不平等、候選人與課程設計上的不公平。我猜他們應該是站在這個議題的最前線，至少是在精神分析的文獻上是如此，但這離我們理想中的社會與專業樣貌還有一大段距離。

《性別與性研究》（*Studies in Gender and Sexuality*）期刊在 2020 年的特刊中，發表了一系列都是由 BIWOC（黑人、原住民、有色人種女性〔Black, Indigenous, Women of Colour〕）心理治療師與精神分析師寫的文章，探討他們在碩士或碩士後訓練與實習時的經驗。若我們把這些議題視為自身專業的一部分，並想持續發展，那麼像這樣的文章或對話，關係學派（以及所有的精神分析）都應該積極在期刊與

148 書籍、教室、研討會上讓它有被討論的空間。席希（Sheehi, 2020）、瓊斯（Jones, 2020）、哈達克・拉札拉（Haddock-Lazala, 2020）、凱薩琳・馬歇爾・伍德（Katherine Marshall Woods, 2020）、米強特（Merchant , 2020）、史卡文尼歐・莫爾斯（Skawen:nio Morse, 2020）與他們的同事們，也都提到精神分析太少談到像是種族、文化與機構化種族歧視的議題。諾布拉赫（2020）與哈特曼（2020）最近的文章中也為這個議題做出重要的貢獻。

最後一些想法以及對種族議題的結論

多年來，精神分析過度強調性這件事，已經在大眾社群中淪為一種笑話。然而對身在這個領域的人來說，我們對於精神分析師的想像，已經開始慢慢遠離分析師只會談性的印象。阿特拉斯（2018）擔心精神分析若背離驅力理論，可能會不可避免也有失公正地，削減了性在我們工作中的重要性。同樣的，米契爾（1988）也為精神分析中的新潮流想要用感性（sensual）來取代性的地位而感到困擾，他其實鼓勵大家去探索性這個主題，以及探索每個人獨特關係中性的樣貌。性這個主題始終在精神分析文獻中佔有重要的地位（儘管過度突出的地位讓它受到不少挑戰），但卻一直沒有對酷兒與變性等議題做出明確的討論。雖然看起來正在往好的方
149 向改變，但仍有很多改進的空間。

跟上述性別與性議題不同的是，精神分析對於種族與民

族的討論非常罕見，也絕不是主流。就像之前討論過的，大概在幾年前，精神分析的訓練機構才開始重視充斥在我們學術圈與專業中的白人優越性問題，對這些新的議題也僅是非常初步理解，包括白人特權，以及把白人也當成一個種族來看，因此白人自身也值得被重新理解與思考。隨著本書的出版，我們的專業、美國，還有世界其他地區，都在見證一場遲來的社會起義，覺醒對系統性種族主義的意識，而這多少是從喬治・佛羅伊德（George Floyd）被殘忍的殺害開始的，[3] 以及那些因為皮膚顏色受害的人們——黑人的男性、女性與孩子，這是在那起謀殺事件發生前就持續存在的事情。可能是因為當前新冠肺炎的疫情，加劇了「黑人生命，不容忽視」以及其他團體的抗議活動，要求政府「撤資」警方（Defund the police）以及撤除任何對非裔美國人和其他非白人族群的系統性暴力。由於各種社會文化與政治因素，這場危機對有色人種的社群造成了不成比例的破壞，並由於近四年來美國政治領導階層特別蠻橫的種族主義與壓迫性，以致又更進一步激發與加劇這樣的狀況。

關係取向精神分析始終站在最前線，研究著內在心智 150
與雙人配對之外系統所造成的影響（見艾特曼〔Altman, 2009〕講精神分析中的種族與階級，烏爾曼〔Ullman, 2011〕與萊頓〔Layton, 2020〕講社會文化與政治動力，以及在治療中的樣貌）。但其實有更多關係學派分析師（尤其大部分在這個專業中的都是白人）能做的事，以便向黑人、原著民與有色人種（BIPOC）學習，並一起瞭解我們內化的種族主義，以及持續、通常是潛意識地影響著我們系統化的種族主義，以及為何我們有意識地或不可避免地讓這個專業大部分的人都是白人。這樣的持續學習與發現，在機構層面或臨床層面都很重要，這樣我們才能更好地去訓練下一代的分析取向治療者、督導與教師，讓他們能代表所有人，而不僅僅是部分的族群（Appollon, 2021）。

分析配對中兩人種族（以及其他——像是性別、性傾向等等）的相似性與相異性，一直是當代精神分析從業人員需要考量的重要問題。現在，我們發現自己正在新出現的危機中生活與工作（雖然這種危機對有色人種的臨床工作者與個案來說並不新鮮）。關係學派與其他學派所有的精神分析師都發現，現在有更多機會研究這些議題，並且對於有色人種的個案，或那些混血、黑人或 POC（persons of colour，有
151 色人種的人）的臨床工作者，我們更能理解他們代間創傷的本質與細微差異，在我生活與工作的美國是如此，而在世界其他地方也是如此。這是個人的事情，當然也是政治上的事情。

臨床片段

我跟米雪的工作就像您所想像的那樣，圍繞著許多交會性的議題。米雪是在一個保守的家庭下長大，她的父親是第一代波多黎克移民，是個藍領階級，而母親則是墨西哥裔美國人。如之前所描述的，她的父母有著自己的創傷，所以在

承受女兒的依附與依賴需求時，會遇到很大的困難。在米雪進到兒童期與青春期後，他們把米雪努力獲取自主性的行為看成是不尊重他們且公然與他們敵對，而不是理解這個年齡的孩子本來就會這樣。但壓倒最後一根稻草的，是因為他們發現米雪跟一個女孩子談戀愛，是她的高中同班同學。米雪被送去做教牧「諮商」以及接受性向轉換心理治療，導致自我厭惡跟憂鬱的感受都在她內心根深柢固地發展。

種族與性取向當然是這個故事的重點。米雪認為自己是個拉丁裔，用她的話來說：「因為有棕色肌膚」。她看著自己的父母受種族歧視所苦，當然她自己也有被班上白人同學差別對待的經驗。在她成年後，這種傷害並沒有因此減少，反而持續累加，就像他們經常對 BIPOC 族群做的事情 152
一樣。她不得不去認清這樣的現實：因為她的妻子是個高加索裔（白種人），就常常在商店、餐廳與許多公共場所受到優待，而她則未曾有過。她與我治療是種挑戰，因為我是個白人，又是個男性（這在她眼中應該是雙重優勢），這樣的治療師沒有經歷過她遇過的痛苦，頂多只能透過她的轉述來見證她所受到的種族經驗。

米雪早期因為受到性虐待、父母忽視、內化的種族主義與恐同症的影響，讓她感到又受傷又自卑。這個治療很大的部分（可以參見第五章與第六章的案例描述）是在與她共創一段新的敘事，來找回並拓展她的自我狀態，以及過往被解離掉的情感。不過就像之前討論到的，被忽視、虐待與種族主義的創傷還是存在，並有時會透過投射性認同或是共演的方式出現在分析中。

互為主體性，以及我自己身為主體，這些動力當然都在每次治療中積極地發揮作用。正如我在第四章到第八章案例討論中提到的，在與米雪工作時，我必須處理我自身內化的壞客體。當個案－分析師的內在世界開始重疊時，分析師會平行地感受到個案的痛苦與難受點滴在心頭。我對這種嚴厲的內攝（introjects）並不陌生，這種負向的內化（internalizations），以及不放過自己的自我狀態，開始在我原初的客體關係經驗中擾動，喚起我過往對性的探索與認
153 同的經驗。透過各式各樣的方式，我自身部分的歷史讓我能對米雪的經驗產生共鳴，以至於我能夠去同理米雪部分掙扎的心情。有時候我們也必須處理我過度認同米雪以及我與她心中的壞客體所衍伸出來的問題。

我們治療的這段時間，有絕大部分的時間與「黑人生命，不容忽視」運動以及其他在本章以及第九章會討論到的社會起義的時間重疊，我也因此被逼著得去面對我心中內化的種族主義，以及對我身為白人、男性特權的否認。藉由邀請她多討論點關於種族的話題（包含她對我擁有特權、先天種族優勢，以及我身為白人沒辦法完全瞭解她所受種族主義之苦的失望與憤怒），我們開始可以解開她的心結，那就是一直預期我或者其他人會虐待她，而這是因為她的家庭、虐待者、社會與我，是真的有問題在。我時常摸索著，試著要去涵容（而不是屈服或是共演出）那些內在壓力，來展現出所謂老練、具有智慧且並非種族主義者的樣子。不過若太

過度就會有種假道學的噁心感，尤其是當這個人就是我自己時。我持續與我的個案一同對抗那些實際、被內化的、多重因素的暴力與憎恨，也因為米雪與我的差異性，讓我在理解她時常常踩空，我們就這樣一起跌跌撞撞走下去。治療到現在還在繼續著。

---

1 Kimberlyn Leary (2000), 'Racial enactments in dynamic treatment', *Psychoanalytic Dialogues*, 10(4): 647-48.

2 編註：縮寫為BLM，可譯作黑人的命也是命、黑人的命很重要、黑命攸關、黑命貴（也有輿論批評上面的翻譯並不理想，仍不脫黑人在美國社會的他者性和從屬地位，建議譯作「黑人生命，不容忽視」或「黑人生命，不容踐踏」），是抗議加諸黑人的暴力和「系統性歧視」的維權運動，起源於非裔美國人社群，後擴大為反省如種族歸納、暴力執法和刑事司法系統中的種族不平等等更為廣泛的問題之國際運動。

3 編註：2020 年 5 月 25 日，美國明尼蘇達州一位 46 歲黑人佛羅伊德（George Floyd）涉嫌使用偽鈔，遭白人警察蕭文（Derek Chauvin）逮捕壓制在地。蕭文單膝抵在佛羅伊德頸部，不顧圍觀民眾求情，以全身重量壓制了 9 分 29 秒；佛羅伊德反覆懇求，斷續說了 27 次「我不能呼吸」（I can't breathe），隨後陷入昏迷並失去生命跡象。此一「跪殺」事件在美國引發大規模持續性的示威活動，抗議警察暴力執法和美國社會針對非洲裔人士的種族歧視。

【第9章】

154 結語：對未來的展望

> 當我們能不具防衛性地承認……所謂正常的精神分析，就像是防衛機轉教我們地那樣，要解開排除（exclude）與置換（displace）的機轉，致力於平衡（equilibrium）……療癒才會隨之到來。
>
> ——勞拉·席希[1]

當前趨勢

就像第八章提到的，大家似乎都認為精神分析談論種族問題上做得不好。在宏觀層面確實如此，但我認為我們也沒有充分思考過其他外部系統，若我們忽視種族議題，必將造
155 成廣泛又可怕的後果。即使精神分析這個領域在許多年前就注意到這點，但也是最近才開始討論，我們這個行業對世上充斥的暴力與排拒，要底要負多少責任？而在個人、微觀的層次上，在理論與實務的心靈與靈魂中，我們對這些議題也沒有做得多好。

可能有很多原因造就了現在的狀況。其中一個原因可能是，佛洛伊德與其追隨者，本來想把精神分析發展成一門科

學，既然是科學，就應該能有同樣、統一的測量方式，無論分析師是誰或個案是誰。這種一體適用（One size fits all）的原則，讓種族、階級、互為主體動力等議題無法被討論，儘管關係取向已經很努力在補救，但這點仍深深影響我們（Leary, 2000）。我們精神分析老祖宗（當然之後有老祖母）都是白人，而且他們（很悲哀地，我們自己也是）都讓這個專業（尤其是領導階層）大部分由白人掌控，這樣也不用面對潛藏在底下的巨大痛苦與羞愧。當然還有其他複雜的因素在。由於佛洛伊德的小圈圈都是猶太人，在社會上也不太會被當成白人或同等階級的人看，舉例來說，像是大學教授任教資格，猶太人就不會與白人、非猶太的人種享受平等的待遇。而猶太人為了生存與繁榮，他們選擇融入白人文化。但這麼做的其中一個後果，就是進一步最小化種族與其他上生活文化上的差異性（Aron & Starr, 2013）。我在上一章與本章後段對這個議題都有進一步的評論，我也相信本書 156
在這個時候出版有歷史上的意義。

無論是種族或是精神分析中的其他議題，我們得承認也許人類就是天生有去接受甚至讚揚維持現狀的傾向；就如海奕施所說（Hirsch, 2008）——停滯在岸邊（to coast）。所以，我不得不在這邊介紹一個在精神分析領域中新的、令人興奮的，甚至是前所未見的發展，那就是由路易斯．阿隆、蘇．葛蘭德（Sue Grand）與喬伊斯．斯洛豪威爾（Joyce Slochower）一起為羅德里奇（Routledge）出版社編寫兩本關係學派觀點的叢書：《關係取向理論的去理想化：從內部批判》（*De-Idealizing Relational Theory: A Critique from Within* (2018a)）以及《關係取向理論去中心化：比較性的批判》（*Decentering Relational Theory: A Comparative Critique* (2018b)）。這是一個很有野心的計畫，正如他們自己聲稱的，這是在精神分析領域中未曾嘗試過的事情。

這幾位編輯者提醒我們，自我檢驗（self-examination）才是精神分析取向治療的基礎，也是治療性行動的支柱。阿隆在 1996 年的一篇文章中寫到，唯有分析師直接邀請個案誠實地回饋與批判自己，個案才有辦法檢驗自己對分析師的感受，如此一來分析師才能開始檢驗自己的主體是如何對個案造成影響，以及治療中兩人受到阻礙的盲點是什麼。阿隆強調說，我們的個案才是那個能夠準確在治療室以及其他情
157 境中判讀我們是誰的人。就如第二章所討論到的，個案渴望瞭解分析師的心智，就像是孩子渴望瞭解父母的心智一樣。我們應該要邀請甚至鼓勵他們去講講他們看到什麼，以便充分探索治療中的移情－反移情場域。因為「眼睛是看不到自己的」（eye cannot see itself）（Stern, 2004, p. 225; Frank, 2012）。

在這個場域中，精神分析其實沒有充分瞭解自身的方法論，也沒有讓自己偏好的理論與實務技巧接受系統性與批判性地、持續地自我檢驗。相反地，從精神分析的時代開始，所有理論派的學者與臨床工作者都常用防禦性的方式回應批評。在最極端的狀況下，這些批評導致了機構的分裂，而不是大家開放地自我反思另一方給予的指教（Berman, 2004;

Reeder, 2004; Kuchuck, 2008）。我們不會自動化地假設對關係學派（或任何學派）的批評是錯的，或扭曲、誤解關係學派的想法，任何一個自認為是關係學派的編者與作者，在書目中都會問自己：關係學派的理論會用何種方式受到特定的批評？以及（就像是我們的個案那樣）這些指教如何照亮我們的盲點並指出新的道路，讓我們能專注與成長？

關係學派內部也有許多人貢獻了自己的批評。像是斯洛 158
豪威爾（2018b）就講過關係學派的理想與其實際的限制。她指出，身為分析師的我們並不總是能充分覺察自己的隱私需求與自我保護需求，對臨床工作造成了什麼影響，以及我們實際上能夠提供個案什麼。斯洛豪威爾以及史蒂芬・賽利格曼（Stephen Seligman, 2018）、肯・卡本特（2018）、羅伯特・葛羅斯馬克（Robert Grossmark, 2018）在各自的書中都用不同方式提到，關係學派的治療可能常常忽略了個案很強烈的脆弱感，有時候我們並不想跟人有連結或進到關係中，而是對那種內在的孤獨感有很深刻的需求。我很同意上述的說法，因為在我的實務工作中也會發現，關係學派由於要求分析師要克制，而我們那種想把關係、主體性說清楚、表達清楚的態度，常常也冒著侵擾個案的風險。

唐納爾・史騰（Donnel Stern, 2018）探討了相互性影響（mutual influence），以及缺乏影響的問題。他擔心精神分析有孤立主義的傾向，並指出在歐洲與拉丁美洲的精神分析圈中，其實對關係學派精神分析到底在講什麼還是很模糊。他們只願意經驗「自己」（we），而把「他人」（they）給

邊緣化。就如同我之前談到的，到底怎樣才叫做「真的」分析師，許多關係學派分析師還是感到被誤解與被邊緣化。就
159 像這本書許多學者都有討論到，他者性（Otherness）關閉了對話與相互學習的機會。史騰認為關係學派的人在被同事批判時，藉由回以尊重的對話態度，以及非防禦式的開放性，來改善這種沒有對話空間的狀態。透過閱讀其他分析取向學者的工作經驗，並且認真思量他們的批評，我們就有機會從這些批評中學習並與之接觸。唯有瞭解對方，才能有效地挑戰對方。當然，我們希望這在參與辯論的兩方身上都發生。

批判理性主義

與史騰（2018）的評論類似，阿隆在關係學派理論評論的第一卷（Aron, Grand & Slochower 2018a）與他更早的文章中（2017），提出了一個模型來說明精神分析要如何跟得上時代並維持在發展中，而不是停滯不前。他介紹並擴充了卡爾．波普（Karl Popper）的批判理性主義（critical rationalism）概念，認為一門學問科學知識的成長不在於累積了多少實證數據，而是透過那些對我們的信念最嚴厲的批評而得來。阿隆主張我們應該用反思懷疑論（reflexive scepticism）與批判多元主義（critical pluralism）的態度來看待精神分析，在文章中他說：

160 若我們可以不只相互尊重與容忍，而是能更真誠地欣賞

> 對方，他們給予我們批判的觀點，而我們也回贈對方，那麼我們就可以從精神分析理論的多樣性中獲益良多。其他的學派、觀點、取向能夠提供我們自己辦不到的功能，反之亦然。（2017, p. 271）

在某種程度上，關係學派的人與其他所有學派的分析師都能開始用這種方式合作，以接觸我們的理論，同時又在理論的多元性間保有一定的張力，這一方面是在連結不同的理論，而另一方面則是讓這包羅萬象的精神分析能在時局下持續發展，而後者我覺得才是最重要的事。精神分析中理論學派的孤立與分裂，打從佛洛伊德的時代就開始了，而這種做法是對這種狀況所做的重要修正，雖然時常對我們來說，要去與不同學派的思想相互滋養與學習，是非常困難的事情，有時甚至覺得不可能達成。

放眼未來

關係學派精神分析透過納入年輕世代瞬息萬變的文化價值與規範，持續地發展出新的想法，這之中包括對種族、性別、性傾向、性慾與性關係表達的快速發展理解，當然也不 161
僅於這些議題。後現代觀點也在其他領域持續拓展，也被越來越多人所熟悉，並更廣泛地融入主流社會中。老一輩人累積的智慧當然也對關係學派或所有精神分析學派的進步有很大的貢獻。

關係學派觀點從開始以來就一直存在一個挑戰，同時也是優勢——那就是不確定性（uncertainty）與知所不知（not knowing）（作為絕對主義所造成侷限的解方），有這些概念就像是獲得了渴望中的自由，或終於被允許能富創造性地思考並實踐。而這對像我這種接受過古典精神分析訓練，或其他更嚴格、更多規則約束的精神分析學派訓練的人，更尤其如此。

但這種新的對未知的強調，讓許多精神分析師候選人與關係取向機構培育的新任臨床工作者們，對於確定性有更高的渴望，希望有更多絕對性的教條，而這遠遠超出關係取向課程能提供的。會有這樣的狀況，也是由於米契爾與他的同事為了開始與推進這場革命（Stolrow, Brandchaft & Atwood, 1987; Mitchell, 1988），而不得不把舊的、一人的精神分析模型做一定程度的削減與銷毀，像是古典精神分析的理論
162 與榮格的觀點（後者早已被佛洛伊德本人與他的追隨者拒斥），以及古典自體心理學（self-psychology），甚至是一些承自英國客體關係理論與人際關係理論的流派，儘管它們在關係取向思考中有它們的價值在，也不得不如此。也許一部分是為了要回應新生們對於「怎麼做」與指導性的渴望，也許另一部分是因為也該是時候把那些過往被關係取向流放掉的理論，主要是一人心理學模型與實證主義的理論與觀點，把它們找回來並重新置於關係取向的大傘下（就像是我們對待費倫齊那樣），我們可以從福賽吉（2003）、斯拉文（M. Slavin, 2016）、阿特拉斯與阿隆（2018）、索佛

（Sopher, 2020）努力的基礎上再接再厲。

受到安妮・阿瓦雷茲（Anne Alvarez, 1997）、喬瑟夫・尼維爾斯（Joseph Newirth, 2003）、波士頓改變歷程研究小組（BCPSG, 1998）、以及艾美・施瓦茨・庫尼（Amy Schwartz Cooney, 2018）與其同僚所啟發，「活力化」（Vitalization）（Schwartz-Cooney & Sopher, 2021）這個概念在精神分析中很令人印象深刻。本書的編輯們匯集了一系列論文來檢視這個理論與其技術，看看它是怎麼讓死氣沉沉的狀態回復生機，同時也納入了客體關係、新克萊恩學派、嬰兒研究與其他學派的觀點。他們的學說之所以有遠見，不光是因理論的內容，而是他們把一人心理學、還有一些實證主義的研究整合進了關係取向精神分析中。再一次，我們歡迎「移民」來到關係取向的新大陸，其中心靈內在、人際之間、系統觀點彼此相互辯證，讓我們的觀點更加豐富。

移民、氣候變遷和其他社會危機 163

縱使有許多精神分析的創始人，可能是因為要逃離納粹或其他創傷而移民到美國（Aron and Starr, 2013; Kuriloff, 2013），但卻很少有文章提及他們的移民經驗，以及移民與當代精神分析之間的關係，直到最近才開始多一點（Boulanger, 2008; Ipp, 2010; Khouri, 2012; Beltsiou, 2015; Csillag, 2017; Rozmarin, 2017; Orfanos, 2019; Kuriloff & Hartman, 2021）。隨著我們的視野擴大，我們不只在乎那些第一世代、白人、北美關係取向同儕的工作，他們都是土生土長的美國人，英語也是他們的母語，我們還希望關係取向的文獻有越來越多國際上的貢獻，當然也持續關注移民經驗帶來的社會文化挑戰。但由於美國與國際上反移民的偏見，檢視這些經驗又更有壓力。就如同所有形式的系統性仇恨與暴力一樣，關係取向分析師企圖在微觀與宏觀的層面上都做出介入。

同樣的，這本書大約是在新冠肺炎國際疫情爆發的四個
164 月後送交給出版商，我們的生活與實務工作很可能會長期嚴重地、負面地被改變，這不知道會持續到什麼時候。氣候科學家說這個病毒與其他可能接踵而來的災難，很可能與環境變遷有關。雖然在撰寫本書時我們對這些現象的關聯還所知甚少，但我們現在正面臨的疫情，跟這個世界正在面對的其他危機一定存在某種關聯，像是飢餓、氣候變遷造成的嚴重氣象災難、空氣汙染與糧食危機等等。對這些事件從全球到地方的響應，以及長期的計畫是當務之急；這些危機都需要用科學的方式解決，並且得好好照顧到最弱勢的族群，所有的這些都需要政治的介入，以實現根本上的變革。奧蘭治（2016）與拉斯特（Rust, 2020）就正在撰寫關於氣候變遷與精神分析的文章。就像其他撰寫社會問題是如何影響臨床情境的文章一樣（Orbach, 2016 among others），這些作者們指出無論是臨床工作者或個案，都在面臨兩難的選擇，一方面我們想承認與面對外在威脅，而不是否認與解離掉這些威脅；但若我們真要面對這個極其可怕、甚至是威脅人類這

個物種的安危與生存，這種壓倒性的挑戰，很可能會造成我們的心智被沖垮或失調，而我們的心靈在這兩者間保持著某種微妙的平衡。

性、疫情與種族 165

就像在第八章中提到的，我們在拓展後現代、社會議題以及關係取向精神分析在理解性別與性認同的問題上，已經取得了巨大的進步。社會文化與關係取向精神分析，已經遠離了把這些議題分類化與病理化的思維，而典型的關係取向思維，會著重在共創意義、主體主義，而非客觀主義、體驗真相與創造敘事。儘管如此，在這個方向上還有許多事情值得探討，尤其是在與非性別二元、跨性別的人或其他認同類別的族群工作時，在臨床上還有許多努力的空間。

最後，就像本書其他地方提到的，我在這歷史性的時期寫作，這可能是關係取向精神分析觀點要邁向更進一步拓展的階段。由於新冠肺炎疫情的緣故，導致許多必要的隔離措施，我們之中有些人（在某些地區是絕大部分的人）與個案當前的工作都被迫要用視訊或電話的方式，而無法實際見面，而且持續數個月甚至有可能會到數年。這個主題本身可能得在未來的文章中才能做更廣泛的探究，伴隨著疾病的擴散、失去摯愛、無法舉辦哀悼儀式、社會孤立、經濟危機以及存在性的恐懼等還在發生中的課題，忍受這些危機與創傷可能就是我們的個案正在經驗的事情。不只如此，就像在第 166

八章結論中以及上文中提到的，我們還可能處在最大規模的社會起義與覺醒的浪潮中，撰寫此書時這波運動才剛開始幾個月，為了抵抗這全面性、食古不化的種族主義，這是自從美國 1960 年代取消種族隔離政策後就持續存在的狀況。

這一次，我們必須要用社會（以及專業）的角度，來更進一步理解與推進這些議題，來捕捉種族主義的系統性本質，從奴隸制度、解放宣言、後隔離主義興起，種族主義就一直在污染我們的文化。精神分析其實在機構訓練、治療室內以及心靈上，都在持續助長與粉飾種族主義，這是很悲劇性的事情，而我們得認清此事並為之哀悼；但這同時也代表了精神分析有潛力做出實際且徹底的改變，這也是本書的期許。放眼未來，關係取向精神分析師需要在社會層面檢視這些種族主義，同時也要在臨床層面應用於我們有色人種的個案或同儕身上，而對於白人的個案與臨床人員，則是要看見他們（或我們）背負著如此深的種族主義式的自我狀態，而有許多被解離掉的憤怒與羞愧感。就像之前提過的，關係取向很擅長自我批判，積極去做這樣的批判是非常重要的事情，我們早該這樣做，來更進一步理解奴隸制度帶給這個社會的後遺症。我們也要檢視機構種族主義對 BIPOC 的個案、同儕與人們造成什麼影響，審問精神分析對這種毒性制度的貢獻，以及為什麼要在如此迫切的關頭，卻迴避站在反
167 種族主義的立場，並更仔細考量若不去檢驗白人優越性、它們所坐擁的鑲入式權益，以及其他權力結構，會帶來什麼樣的後果。唯有這樣做，我們才能對急需要大幅調整與擴展的

關係取向，在思維與實踐上抱有希望。

結語

如前面提過的，關係取向觀點與其他當代精神分析模型以及許多精神分析學派，都特別重視社會文化與政治性的議題，以及其他外在系統所造成的影響。同樣，關係取向（或更廣泛地來說，當代）精神分析想遠離一體適用的典範，如前述，這種典範是古典精神分析的過時版本。隨著每次的修正，或單純只是隨著時間經過，更多的問題出現了。正如上面提到的，我不禁在想，舉例來說，這些問題會對那些初學、新一代的關係取向受訓者與分析師，造成什麼樣的影響；他們跟精神分析創始人，或第一、第二代的關係取向精神分析師遇到的情境不一樣，那些人沒有遇到其他理論取向的移民，當時也只有（主要是）白人、順性別（cisgender）與異性戀的價值觀而已。

就像透過本書想探討的，我們的觀點旨在檢視分析師與個案的主體性、倏忽即逝的自我狀態以及互為主體的動 168
力。每個分析配對都是獨特、共同建構的空間（但這個空間現在正籠罩在世界性的疾病、機構化的種族主義、反黑人的暴力、被民粹主義威脅的民主原則與政府〔Zienert-Eilts, 2020〕，以及氣候變遷的陰影底下，這邊只舉幾個當今比較急迫的社會問題，希望這只是暫時性的現象），這個空間的景緻也會不斷變動。這些問題隨著時間出現、消退與變化

（儘管有些問題會永久存在），這是人心靈內在、人際之間、社會政治、文化轉變與成長所導致的結果。也因此，雖然並不是唯一一個追求此目標的取向，關係取向精神分析會依照它的初衷，持續用新的、令人興奮的方式來重塑自己，這些方式是我們無法想像，猜都猜不到的。也因此我們擁抱不確定性與知所不知，以及任何有可能讓我們學習、成長的機會，我們也必將邁向更進一步的革新。

---

1 Lara Sheehi (2020), 'Talking back introduction to special edition: Black, indigenous, women of color talk back: Decentering normative psychoanalysis', *Studies in Gender and Sexuality*, 21(2): 75.

【附錄一】

索引

＊請參照頁面兩側的原文書頁碼

B

C

D

E

F

G

H

N

O

P

Q

T

U

V

W

Y

【附錄二】

參考文獻

Ainsworth, M.D., Bell, S.M. and Stayton, D.J. (1971), 'Individual differences in strange situation behaviour of one-year-olds', in Schaffer, H.R. (ed.), *The Origins of Human Social Relations*. London: Academic Press.

Altstein, R. (2016), 'Finding words: How the process and products of psychoanalytic writing can channel the therapeutic action of the very treatment it sets out to describe', *Psychoanalytic Perspectives*, 13(1): 51–70.

Altman, N. (2009), *The Analyst in the Inner City: Race, class, and culture through a psychoanalytic lens*, 2nd edn. Hillsdale, NJ: Analytic Press.

Altman, N. (2020), *White Privilege: Psychoanalytic perspectives*. New York: Routledge.

Alvarez, A. (1997), 'Projective identification as a communication: its grammar in borderline psychotic children', *Psychoanalytic Dialogues*, 7(6): 753–68. doi:10.1080/10481889709539218.

Appollon, S. (2021), 'The Triple Entendre: Unconscious Communication and Dissociation', *Psychoanalytic Dialogues*.

Aron, L. (1991), 'The patient's experience of the analyst's subjectivity', *Psychoanalytic Dialogues*, 1: 29–51.

Aron, L. (1992), 'Interpretation as expression of the analyst's subjectivity', *Psychoanalytic Dialogues*, 2(4): 475–507. doi:10.1080/10481889209538947.

Aron, L. (1996), '*Meeting of Minds: Mutuality in psychoanalysis*. Mahwah, NJ: The Analytic Press.

Aron, L. (2003), 'The paradoxical place of enactment in psychoanalysis: Introduction', *Psychoanalytic Dialogues*, 13: 623–31. http://dx.doi.org/10.1080/10481881309348760.

Aron, L. (2006), 'Analytic impasse and the third: Clinical implications of Intersubjectivity Theory', *International Journal of Psycho-Analysis*, 87: 349–68.

Aron, L. (2015), 'Introduction: The body in drive and relational models', in Aron, L. and Anderson, F.S. (eds), *Relational Perspectives on the Body*, vol. 12, pp. xix–xxviii. New York: Routledge.

Aron, L. (2017), 'Beyond tolerance in psychoanalytic communities: reflexive skepticism and critical pluralism', *Psychoanalytic Perspectives*, 14(3): 271–82.

Aron, L. and Atlas, G. (2015), 'Gains and loss in translation', *Contemporary Psychoanalysis*, 51(4): 767–75.

Aron, L., Grand, S. and Slochower, J.A. (2018a), *De-idealizing Relational Theory: A critique from within*. New York: Routledge.

Aron, L., Grand, S. and Slochower, J.A. (2018b), *Decentering Relational Theory: A comparative critique*. New York: Routledge.

Aron, L. and Harris, A. (eds) (1993), *The Legacy of Sándor Ferenczi*. Mahwah, NJ: The Analytic Press.

Aron, L. and Starr, K. (2013), *A Psychotherapy for the People: Toward a progressive psychoanalysis*. New York: Routledge.

Atlas, G. (2011a), 'Attachment abandonment murder', *Contemporary Psychoanalysis*, 47(2): 245–59.

Atlas, G. (2011b), 'The bad father, the sinful son and the wild ghost', *Psychoanalytic Perspectives*, 8(2): 238–51.

Atlas, G. (2012a), 'Touch me, know me: A clinical case of distress, regulation and sex'. Presentation at American Psychological Association, Division 39 conference, Santa Fe, NM, Spring.

Atlas, G. (2012b), 'Sex and the kitchen: Thoughts on culture and forbidden desire', *Psychoanalytic Perspectives*, 9(2): 220–32.

Atlas, G. (2013), 'What's love got to do with it? Sexuality, shame and the use of the other', *Studies in Gender and Sexuality*, 14(1): 51–8.

Atlas, G. (2015), 'Touch me, know me: The enigma of erotic longing', *Psychoanalytic Psychology*, 31(1): 123–39.

Atlas, G. (2016a), *The Enigma of Desire: Sex, longing, and belonging in psychoanalysis*. New York: Routledge.

Atlas, G. (2016b), 'Breaks in unity: The caesura of birth', *Studies in Gender and Sexuality*, 17: 201–4.

Atlas, G. (2018), 'Has sexuality anything to do with relationality?', *Psychoanalytic Dialogues*, 28(3): 330–9. doi: 10.1080/10481885.2018.1459395.

Atlas, G. and Aron, L. (eds) (2018), *Dramatic Dialogue: Contemporary clinical practice*. London: Routledge.

Atwood, G. and Stolorow, R. (1984), *Structures of Subjectivity: Explorations in psychoanalytic phenomenology*. Hillsdale, NJ: Analytic Press.

Baranger, M. (1993), 'The mind of the analyst: From listening to interpretation', *International Journal of Psychoanalysis*, 74(1): 15–24.

Barsness, R.E. (2017), *Core Competencies of Relational Psychoanalysis: A guide to practice, study, and research*. London: Routledge, Taylor & Francis Group.

Bass, A. (2003), 'Enactments in psychoanalysis: Another medium, another message', *Psychoanalytic Dialogues*, 13: 657–76.

Bass, A. (2007), 'When the frame doesn't fit the picture', *Psychoanalytic Dialogues*, 17(1): 1–27.

Bass, A. (2021), 'The analyst's analyst within & the influence of Benjamin Wolstein', in Kuchuck, S. (ed.), *When the Psychoanalyst is the Patient*. New York: Routledge.

Bateson G. (1970), 'A systems approach', *International Journal of Psychiatry*, 9:

242–44.
Beebe, B. and Lachmann, F.M. (1988), 'Mother-infant mutual influence and precursors of psychic structure', in Goldberg, A. (ed.), *Progress in Self Psychology, Vol. 3. Frontiers in Self Psychology*, pp. 3–25. Hillsdale, NJ: The Analytic Press.
Beebe, B. and Lachmann, F.M. (1998), 'Co-constructing inner and relational processes: Self- and mutual regulation in infant research and adult treatment', *Psychoanalytic Psychology*, 15(4): 480–516. https://doi.org/10.1037/0736-9735.15.4.480.
Beebe, B. and Lachmann, F.M. (2002), *Infant Research and Adult Treatment: Co-constructing interactions*. Hillsdale, NJ: The Analytic Press.
Beebe, B. and Lachmann, F.M. (2003), 'The relational turn in psychoanalysis: A dyadic systems view from infant research', *Contemporary Psychoanalysis*, 39(3): 379–409.
Bell, R.Q. (1968), 'A reinterpretation of the direction of effects in studies of socialization', *Psychological Review*, 75(2) 81–95. https://doi.org/10.1037/h0025583.
Beltsiou, J. (2015), *Immigration in Psychoanalysis: Locating ourselves*. London: Routledge, Taylor & Francis Group.
Benjamin, J. (1998), *Shadow of the Other: Intersubjectivity and gender in psychoanalysis*. New York: Routledge.
Benjamin, J. (1988), *The Bonds of Love: Psychoanalysis, feminism and the problem of domination*. New York: Pantheon Books.
Benjamin, J. (1995), *Like Subjects, Love Objects: Essays on recognition and sexual difference*. New Haven, CT: Yale University Press.
Benjamin, J. (1996), 'In defense of gender ambiguity', *Gender and Psychoanalysis*, 1(1): 27–43.
Benjamin, J. (2004), 'Beyond doer and done-to: An intersubjective view of thirdness', *Psychoanalytic Quarterly*, 73: 5–46.
Benjamin, J. (2018), *Beyond Doer and Done To: Recognition theory, intersubjectivity and the third*. New York: Routledge.
Benjamin, J. and Atlas, G. (2015), 'The "too muchness" of excitement: Sexuality in light of excess, attachment and affect regulation', *International Journal of Psychoanalysis*, 96: 39–63.
Bergner, D., Dimen, M., Eichenbaum, L., Lieberman, J. and Feldmann Secrest, M. (2012), 'The changing landscape of female desire: The growing chasm between "hotness" and sexual obsolescence in a digitized, surgicized, and pornographized world', *Psychoanalytic Perspectives*, 9(2): 163–202. doi: 10.1080/1551806X.2012.716286.
Berman E. (1997), 'Relational psychoanalysis: a historical background', *American Journal of Psychotherapy*, 51(2): 185–203. https://doi.org/10.1176/appi.psychotherapy.1997.51.2.185.
Berman, E. (2004), *Impossible Training: A relational view of psychoanalytic*

education. Hillsdale, NJ: Analytic Press.
Binder, P. (2006), 'Searching for the enriching sense of otherness: The psychoanalytic psychotherapist as a meaning-bearing other', *International Forum of Psychoanalysis*, 15(3): 162–8.
Bion, W.R. (1948), 'Psychiatry at a time of crisis', *British Journal of Medical Psychology*, 21(2): 81–9. doi: 10.1111/j.2044-8341.1948.tb01159.x.
Bjorklund, S. (2012), 'Female trouble: I can't get no satisfaction', *Psychoanalytic Perspectives*, 9(2): 203–8. doi: 10.1080/1551806X.2012.716288.
Bjorklund, S. (2019), 'Encountering sexuality: Commentary on Annee Ackerman's "first encounters with erotic desire in treatment"', *Psychoanalytic Perspectives*, 16(1): 25–9. doi: 10.1080/1551806X.2018.1554954.
Black, M. (2003), 'Enactment: Analytic musings on energy, language, and personal growth', *Psychoanalytic Dialogues*, 13(5): 633–55.
Bollas, C. (1987), *The Shadow of the Object: Psychoanalysis of the unthought known*. New York: Columbia University Press.
Boston Change Process Study Group (1998), 'Non-interpretative mechanisms in psychoanalytic therapy: The "something more" than interpretation', *International Journal of Psychoanalysisl*, 79: 903–21.
Boulanger, G. (2008), 'Witnesses to reality: Working psychodynamically with survivors of terror', *Psychoanalytic Dialogues*, 18(5): 638–57. doi:10.1080/10481880802297673.
Boulanger, G. (2014), *Wounded by Reality: Understanding and treating adult onset trauma*. New York: Psychology Press.
Bowlby, J. (1977), 'The making and breaking of affectional bonds: I. Aetiology and psychopathology in the light of attachment theory', *British Journal of Psychiatry*, 130: 201–10. https://doi.org/10.1192/bjp.130.3.201.
Brazelton, T.B., Koslowski, B. and Main, M. (1974), 'The origins of reciprocity: The early mother-infant interaction', in Lewis, M. and Rosenblum, L.A. (eds), *The Effect of the Infant on its Caregiver*. New York: Wiley-Interscience.
Brazelton, T.B., Tronick, E., Adamson, L., Als, H. and Wise, S. (1975), 'Early mother-infant reciprocity', *Ciba Foundation Symposium*: 137–54. https://doi.org/10.1002/9780470720158.ch9.
Bretherton, I. and Munholland, K. A. (2008), 'Internal working models in attachment relationships: Elaborating a central construct in attachment theory', in Cassidy, J. and Shaver, P.R. (eds) *Handbook of Attachment: Theory, research, and clinical applications*, pp. 102–27, New York: The Guilford Press.
Breuer, Josef and Freud, Sigmund (1895/1995), Studies on Hysteria. In James Strachey (Ed.) *The Standard Edition of the Complete Psychological Works of Sigmund Freud*. London: Hogarth Press, Vol.2, xxxii, pp. 1–335
Bromberg, P.M. (1993), 'Shadow and substance: A relational perspective on clinical process', *Psychoanalytic Psychology*, 10(2): 147–68. https://doi.org/10.1037/h0079464.
Bromberg, P.M. (1994), '"Speak! That I may see you": Some reflections on

dissociation, reality, and psychoanalytic listening', *Psychoanalytic Dialogues*, 4: 517–47.

Bromberg, P.M. (1995), 'Psychoanalysis, dissociation, and personality organization reflections on Peter Goldberg's essay', *Psychoanalytic Dialogues*, 5: 511–28.

Bromberg, P.M. (1996), 'Standing in the spaces: The multiplicity of self and the psychoanalytic relationship', *Contemporary Psychoanalysis*, 32: 509–35.

Bromberg, P.M. (1998), *Standing in the Spaces: Essays on clinical process, trauma, and dissociation*. Hillsdale, NJ: The Analytic Press.

Bromberg, P.M. (2000), 'Potholes on the royal road: Or is it an abyss?', *Contemporary Psychoanalysis*, 36(1): 5–28. https://doi.org/10.1080/00107530.2000.10747043.

Bromberg, P.M. (2006), *Awakening the Dreamer*. Hillsdale, NJ: The Analytic Press.

Bromberg, P.M. (2010), 'Minding the dissociative gap', *Contemporary Psychoanalysis*, 46: 19–31.

Bromberg, P.M. (2012), 'Stumbling along and hanging in: If this be technique, make the most of it!' *Psychoanalytic Inquiry*, 32: 3–17.

Bromberg, P.M. (2013), 'Hidden in plain sight: Thoughts on imagination and the lived unconscious', *Psychoanalytic Dialogues*, 23(1), 1–14. https://doi.org/10.1080/10481885.2013.754275.

Bucci, W. (2011), 'The interplay of subsymbolic and symbolic processes in psychoanalytic treatment: it takes two to tango – but who knows the steps, who's the leader? the choreography of the psychoanalytic interchange', *Psychoanalytic Dialogues*, 21(1): 45–54.

Buechler, S. (2008), *Making a Difference in Patients' Lives: Emotional experience in the therapeutic setting*. New York: Routledge.

Ceccoli, V. (2020), 'Liminal space, sexuality, and the language of #MeToo', *Psychoanalytic Dialogues*, 30(3): 258–66. doi: 10.1080/10481885.2020.1744960.

Celenza, A. (1991), 'The misuse of countertransference love in sexual intimacies between therapists and patients', *Psychoanalytic Psychology*, 8(4): 501–9. https://doi.org/10.1037/h0079302.

Celenza, A. (2014), *Erotic Revelations: Clinical applications and perverse scenarios*. New York: Routledge.

Chalker, C. (2017), 'Living and working from the centre: Reflections by a black American trained therapist' [Conference presentation]. The International Association for Relational Psychoanalysis and Psychotherapy International Conference, Sydney, Australia, 25–28 May.

Cooper, S. (1998), 'Analyst subjectivity, analyst disclosure, and the aims of psychoanalysis', *Psychoanalytic Quarterly*, 67: 379–406.

Cooper, S. (2016), *The Analyst's Experience of the Depressive Position: The melancholic errand of psychoanalysis*. New York: Routledge.

Corbett, K. (1993), 'The mystery of homosexuality', *Psychoanalytic Dialogues*, 10: 345–57.

Corbett, K. (1996), 'Homosexual boyhood: Notes on girlyboys', *Gender and Psychoanalysis*, 1: 429–62.

Corbett, K. (2011), *Rethinking Masculinities*. New Haven, CT: Yale University Press.

Corbett, K. (2018), 'The analyst's private space: Spontaneity, ritual, psychotherapeutic action, and self-care', in Aron, L., Grand, S. and Slochower, J. (eds), *De-idealizing Relational Theory: A critique from within*, pp. 150–166. New York: Routledge.

Corbett, K., Dimen, M., Goldner, V. and Harris, A. (2014), 'Talking sex, talking gender – a roundtable', *Studies in Gender and Sexuality*, 15(4): 295–317. https://doi.org/10.1080/15240657.2014.970493.

Cornell, W.F. (2009), 'Stranger to desire: Entering the erotic field', *Studies in Gender and Sexuality*, 10(2): 75–92. https://doi.org/10.1080/15240650902768381.

Cornell, W.F. (2015), *Somatic Experience in Psychoanalysis and Psychotherapy: In the expressive language of the living*. Hove and New York: Routledge.

Cornell, W.F. (2016), 'The analyst's body at work: Utilizing touch and sensory experience in psychoanalytic psychotherapies', *Psychoanalytic Perspectives*, 13(2): 168–85. doi: 10.1080/1551806X.2016.1156431

Cornell, W.F. (2019), Self-examination in Psychoanalysis and Psychotherapy: Countertransference and subjectivity in clinical practice. Abingdon: Routledge.

Cornell, W. and Hargaden, H. (2005), *From Transactions to Relations: The Emergence of a Relational Tradition in Transactional Analysis*. London: Haddon Press.

Crastnopol, M. (2001), Convergence and divergence in the characters of analyst and patient: Fairbairn treating Guntrip, *Psychoanalytic Psychology*, 18(1): 120–36. doi:10.1037/0736-9735.18.1.120.

Crastnopol, M. (2019), 'The analyst's Achilles' heels: owning and offsetting the clinical impact of our intrinsic flaws', *Contemporary Psychoanalysis*, 55(4): 399–427. doi:10.1080/00107530.2019.1670777.

Csillag, V. (2017), 'Emmy Grant: Immigration as repetition of trauma and as potential space', *Psychoanalytic Dialogues*, 27(4): 454–69. doi:10.1080/10481885.2017.1328191.

Davies, J.M. (1994), 'Love in the afternoon: A relational reconsideration of desire and dread in the countertransference', *Psychoanalytic Dialogues*, 4: 153–70.

Davies, J.M. (1996a), 'Linking the "pre-analytic" with the postclassical: Integration, dissociation, and the multiplicity of unconscious process', *Contemporary Psychoanalysis*, 32: 553–76.

Davies, J.M. (1996b), 'Dissociation, repression and reality testing in the countertransference: The controversy over memory and false memory in the psychoanalytic treatment of adult survivors of childhood sexual abuse', *Psychoanalytic Dialogues*, 6: 189–218.

Davies, J.M. (1998), 'Multiple perspectives on multiplicity', *Psychoanalytic Dialogues*, 8(2): 195–206. doi: 10.1080/10481889809539241.

Davies, J.M. (1999), 'Getting cold feet, defining "safe enough" borders: Dissociation, multiplicity, and integration in the analyst's experience', *Psychoanalytic Quarterly*, 68(2): 184–208. https://doi.org/10.1002/j.2167-4086.1999.tb00530.x.

Davies, J.M. (2001), 'Back to the future in psychoanalysis: Trauma, dissociation, and the nature of unconscious processes', in Dimen, M. and Harris, A. (eds), *Storms in her Head: Freud and the construction of hysteria*, pp. 245–64. New York: Other Press.

Davies, J.M. (2003), 'Falling in love with love: Oedipal and post-Oedipal manifestations of idealization, mourning and erotic masochism', *Psychoanalytic Dialogues*, 13: 1–27.

Davies, J.M. (2004), 'Who's bad objects are we anyway? Repetition and our elusive love affair with evil', *Psychoanalytic Dialogues*, 14(6): 711–32.

Davies, J.M. (2008), in IARPP seminar 'The question of technique', The International Association for Relational Psychoanalysis and Psychotherapy.

Davies, J.M. and Frawley, M.G. (1992), 'Dissociative processes and transference-countertransference paradigms in the psychoanalytically oriented treatment of adult survivors of childhood sexual abuse: Reply to Gabbard, Shengold, and Grotstein', *Psychoanalytic Dialogues*, 2(1): 77–96. https://doi.org/10.1080/10481889209538922.

Davies, J.M. and Frawley, M.G. (1994), *Treating the Adult Survivor of Childhood Sexual Abuse: A psychoanalytic perspective*. New York: Basic Books.

Dimen, M. (1991), 'Deconstructing difference: Gender, splitting, and transitional space', *Psychoanalytic Dialogues*, 1(3): 335–52. https://doi.org/10.1080/10481889109538904.

Dimen, M. (1995), 'The third step: Freud, the feminists, and postmodernism', *American Journal of Psychoanalysis*, 55(4): 303–19. https://doi.org/10.1007/BF02741980.

Dimen, M. (1996), 'Bodytalk', *Gender & Psychoanalysis*, 1: 3.

Dimen, M. (1997), 'The engagement between psychoanalysis and feminism', *Contemporary Psychoanalysis*, 33: 527–48.

Dimen, M. (1999), 'Between lust and libido: Sex, psychoanalysis, and the moment before', *Psychoanalytic Dialogues*, 9: 415–40.

Dimen, M. (2001), 'Perversion is us? Eight notes', *Psychoanalytic Dialogues*, 11(6): 825–60.

Dimen, M. (2005), 'Sexuality and suffering, or the eew! factor', *Studies in Gender & Sexuality*, 6: 1–18.

Dimen, M. (2011), 'Lapsus linguae, or a slip of the tongue? A sexual violation in an analytic treatment and its personal and theoretical aftermath',

Contemporary Psychoanalysis*, 47: 35–79.

Dimitrijevic, A. (2014), Fairbairn and the Object Relations Tradition. New York: Routledge.

Dorfman, B. and Aron, L. (2005), 'Meeting Lew Aron's mind: An interview', *Psychoanalytic Perspectives*, 2(2): 9–25. doi:10.1080/1551806x.2005.10472905.

Doughtery, K. and Beebe, B. (2016), Mother-infant communication: The research of Dr. Beatrice Beebe. Psychoanalytic Electronic Publishing: PEP Video Grants, 1(2): 11. Available at: www.pep-web.org/document.php?id=pepgrantvs.001.0011a#:~:text=Beatrice%20Beebe%20at%20the%20New,communication%20for%20over%2040%20years.&text=Beebe%20and%20her%20colleagues%2C%20this,work%20and%20world%20of%20Dr (accessed 23 July 2017).

Dupont, J. (1988), 'Ferenczi's "madness", *Contemporary Psychoanalysis*, 24(2): 250–61. https://doi.org/10.1080/00107530.1988.10746240.

Ehrenberg, D.B. (1992), *The Intimate Edge Extending the Reach of Psychoanalytic Interaction*. New York: W.W. Norton & Company.

Eichenbaum, L. and Orbach, S. (1983/2012). *Understanding Women*. Basic Books/CreateSpace Independent Publishing Platform.

Eigen, M. (2006), *Lust*. Middletown, CT: Wesleyan University Press.

Eikenaes, I., Pedersen, G. and Wilberg, T. (2015), 'Attachment styles in patients with avoidant personality disorder compared with social phobia', *Psychology and Psychotherapy: Theory, Research and Practice*, 89(3): 245–60. doi: 10.1111/papt.12075.

Eng, D.L. and Han, S. (2000), 'A dialogue on racial melancholia', *Psychoanalytic Dialogues*, 10(4): 667–700. https://doi.org/10.1080/10481881009348576.

Farber, B. (2006), *Self-disclosure in Psychotherapy*. New York: Guilford Press.

Federici-Nebbiosi, S. and Nebbiosi, G. (2012), 'The experience of another body on our body in psychoanalysis: Commentary on paper by Jon Sletvold', *Psychoanalytic Dialogues*, 22(4): 430–36. https://doi.org/10.1080/10481885.2012.700877.

Ferenczi, S. ([1919] 1980), 'On the technique of psychoanalysis', in: *Further Contributions to the Theory and Technique of Psychoanalysis*. London: Maresfield Reprints

Ferenczi, S. (1925), 'Psycho-analysis of sexual habits', *International Journal of Psycho-Analysis*, 6: 372–404.

Ferenczi, S. ([1928] 1955), 'The elasticity of psychoanalytic technique', in: *Final Contributions to the Problems and Methods of Psychoanalysis*, pp. 87–101. New York: Basic Books.

Ferenczi, S. (1949), 'Confusion of tongues between adults and the child', *International Journal of Psycho-Analysis*, 30: 225–30. (Original work published 1932.)

Ferenczi, S. and Dupont, J. (eds) (1988), *The Clinical Diary of Sándor Ferenczi*, trans. M. Balint and N.Z. Jackson. Cambridge, MA: Harvard University Press.

Finell, J.S. (1985), 'Narcissistic problems in analysts', *International Journal of Psycho-Analysis*, 66: 433–45.

Fonagy, P. (1999), 'Attachment, the development of the self, and its pathology in personality disorders', in Derksen, J., Maffei, C. and Groen, H. (eds), Treatment of Personality Disorders, pp. 53–68. New York: Kluwer Academic Publishers.

Fonagy, P. (2001), *Attachment Theory and Psychoanalysis*. New York: Other Press.

Fonagy, P., Gergely, G., Jurist, E. and Target, M. (eds) (2002), *Affect Regulation, Mentalization, and the Development of the Self*. New York: Other Press.

Fosshage, J.L. (2003), 'Contextualizing self psychology and relational psychoanalysis: Bi-directional influence and proposed syntheses', *Contemporary Psychoanalysis*, 39(3): 411–48. https://doi.org/10.1080/00107530.2003.10747214.

Fox, N. (1994), 'Dynamic cerebral processes underlying emotion regulation', *Monographs of the Society for Research in Child Development*, 59(2/3): 152–66. doi:10.2307/1166143.

Frank, K.A. (1997), 'The role of the analyst's inadvertent self-revelations'. *Psychoanalytic Dialogues*, 7: 281–314

Frank, K.A. (2005), 'Towards conceptualizing the real relationship in therapeutic action: Beyond the real relationship', *Psychoanalytic Perspectives*, 3: 15–56.

Frank, K. (2012), 'Therapeutic action', *Psychoanalytic Perspectives*, 9: 75–87.

Freud, A. (1964), *The Ego and the Mechanisms of Defense*. New York: International Universities Press.

Freud, S. (1912), 'Recommendations to physicians practising psycho-analysis', in Strachey, J. (ed. and trans.), *The Standard Edition of the Complete Psychological Works of Sigmund Freud*, 24 vols. London: Hogarth Press, 1953–1974, vol. 12: pp. 116–17.

Freud, S. (1919), *The "Uncanny"*, S.E., vol. 17: pp. 1–124. London: Hogarth.

Freud, S. (1949), *Three Essays on the Theory of Sexuality*. Oxford: Imago Publishing Company.

Freud, S. (1962), *The Ego and the Id*. Trans. J. Strachey. New York: Norton.

Freud, S (1985), *The Complete Letters of Sigmund Freud to Wilhelm Fliess: 1887–1904*. Cambridge, MA: Belknap Press of Harvard University Press.

Freud, S. (1995), *The Interpretation of Dreams; and On Dreams: (1900–1901)*. London: Hogarth Press.

Frie, R. and Orange, D. (2009), *Beyond Postmodernism: New dimensions in clinical theory and practice*. New York: Routledge.

Fries, E. F. (2012), 'Perchance to sleep: Minding the unworded body in psychoanalysis', *Psychoanalytic Dialogues*, 22(5), 586–605, doi: 10.1080/10481885.2012.719448.

Gentile, J. (2001), 'Close but no cigar, *Contemporary Psychoanalysis*, 37(4):

623–54. doi:10.1080/00107530.2001.10746433.
Gentile, J. (2010), 'Weeds on the ruins: Agency, compromise formation, and the quest for intersubjective truth', *Psychoanalytic Dialogues*, 20(1): 88–109. doi:10.1080/10481880903559088.
Gentile, J. (2016a), 'Between the familiar and the stranger: Attachment security, mutual desire, and reclaimed love', *International Journal of Psychoanalytic Self Psychology*, 11: 193–215.
Gentile, J. (2016b), 'Naming the vagina, naming the woman', *Division/Review*, 14: 23–29.
Gentile, J. (2018). *Feminine Law*. Karnac.
Gentile, K. (2009), 'The collective artistry of activism: A review of Making Trouble: Life and politics by Lynne Segal', *Studies in Gender and Sexuality*, 10(4): 224–30.
Gentile, K. (2011), 'What about the patriarchy? Response to commentaries by Zeavin and Layton', *Studies in Gender and Sexuality*, 12(1): 72–77.
Gentile, K. (2015), 'Temporality in question: Psychoanalysis meets queer time', *Studies in Gender and Sexuality*, 15(1): 33–39.
Gerson, B. (ed.) (1996), *The Therapist as a Person: Life crises, life choices, life experiences, and their effects on treatment*. Hillsdale, NJ: The Analytic Press.
Ghent, E. (1990), 'Masochism, submission, surrender – Masochism as a perversion of surrender', *Contemporary Psychoanalysis*, 26: 108–36.
Gill, M.M. (1983), 'The point of view of psychoanalysis: Energy discharge or person?' *Psychoanalysis & Contemporary Thought*, 6(4): 523–51.
Gianino, A. and Tronick, E.Z. (1988), 'The mutual regulation model: The infant's self and interactive regulation coping and defense', in: Field, T., McCabe, P. and Schneiderman, N. (eds), *Stress and Coping*, pp. 47–68. Hillsdale, NJ: Erlbaum.
Gill, M.M. (1983), 'The interpersonal paradigm and the degree of the therapist's involvement', *Contemporary Psychoanalysis*, 19: 200–37.
Gody, D.S. (1996), 'Chance encounters: Unintentional therapist disclosure', *Psychoanalytic Psychology*, 13: 495–511.
Goldner, V. (1991), 'Toward a critical relational theory of gender', *Psychoanalytic Dialogues*, 1: 249–72.
Goldner, V. (2011), 'Trans: Gender in free fall'. *Psychoanalytic Dialogues*, 21(2): 159–71.
Goldner (2020), 'Introduction to the panel: "Time's Up?": The psychodynamic politics of sexual coercion and #MeToo', *Psychoanalytic Dialogues*, 30(3): 237–38. doi: 10.1080/10481885.2020.1744962.
Goodman, D. and Severson, E. (2016), *The Ethical Turn: Otherness and subjectivity in contemporary psychoanalysis*. New York: Routledge.
Grand, S. and Salberg, J. (2017), *Trans-generational Trauma and the Other: Dialogues across history and difference*. London and New York: Routledge.
Green, A. (1975), 'The analyst, symbolization and absence in the analytic setting

(on changes in analytic practice and analytic experience). In memory of D.W. Winnicott', *International Journal of Psycho-Analysis*, 56(1): 1–22.

Green, A. (1978), 'Potential space in psychoanalysis: The object in the setting', in: Grolnick, S. and Barkin, L. (eds), *Between Reality and Fantasy*, pp. 169–89. New York: Aronson.

Greenberg, J.R. and Mitchell, S.A. (1983), *Object Relations in Psychoanalytic Theory*. Cambridge, MA: Harvard University Press.

Grill, H. (2014), 'The importance of Fathers', in: Kuchuck, S. *Clinical Implications of the Psychoanalyst's Life Experience: When the personal becomes professional.* New York: Routledge/Taylor & Francis Group.

Grill, H. (2019), 'What women want: A discussion of "Childless"', *Psychoanalytic. Dialogues*, 29(1): 59–68.

Grossmark, R. (2018), 'The unobtrusive relational analyst and psychoanalytic companioning', in: Aron, L., Grand, S. and Slochower, J. (eds), *De-idealizing Relational Theory: A critique from within*, pp. 167–90. New York: Routledge.

Guralnik (2020), '#Me Too, I was interpellated', *Psychoanalytic Dialogues*, 30(3): 251–57. doi: 10.1080/10481885.2020.1744964.

Haddock-Lazala, C.M. (2020), 'X'ing Psychoanalysis: Being LatinX in Psychoanalysis', *Studies in Gender and Sexuality*, 21(2): 88–93. doi:10.1080/15240657.2020.1760022.

Hansburry, G. (2005a), 'The middle men: An introduction to the transmasculine Identities', *Studies in Gender and Sexuality*, 6(3): 241–64.

Hansburry, G. (2005b), 'Mourning the loss of the idealized self: A transsexual passage', *Psychoanalytic Social Work*, 12(1): 19–35.

Hansburry, G. (2011), 'King Kong and Goldilocks: Imagining transmasculinities through the trans-trans dyad', *Psychoanalytic Dialogues*, 21(2): 210–20.

Harrington, R. (2019), 'Childfree by choice', *Studies in Gender and Sexuality*, 20(1): 22–35. doi: 10.1080/15240657.2019.1559515.

Harris, A. (1991), 'Gender as contradiction', *Psychoanalytic Dialogues*, 1(3) : 243–8.

Harris, A. (1999), 'Making genders: Commentary on paper by Irene Fast', *Psychoanalytic Dialogues*, 9(5): 663–73.

Harris, A. (2000), 'Gender as soft assembly: Tomboys' stories', *Studies in Gender and Sexuality*, 1: 223–50.

Harris, A. (2005), *Gender as Soft Assembly*. Hillsdale, NJ: The Analytic Press.

Harris, A. (2011), 'The relational tradition: Landscape and canon', *Journal of the American Psychoanalytic Association*, 59(4): 701–36.

Harris, A. and Bartlow, S. (2015), 'Intersectionality: Race, gender, sexuality, and class', in: DeLamater, J. and Plant, R.F. (eds), *Handbook of the Sociology of Sexualities*, pp. 261–71. New York: Springer.

Harris, A., Kalb, M. and Klebanoff, S. (2016), *Ghosts in the Consulting Room: Echoes of trauma in psychoanalysis*. London: Routledge.

Harris, A., Kalb, M. and Klebanoff, S. (2017), *Demons in the Consulting Room: Echoes of genocide, slavery and extreme trauma in psychoanalytic practice.*

London and New York: Routledge.

Harris, A. and Kuchuck, S. (2015), *The Legacy of Sándor Ferenczi: From ghost to ancestor*. London: Routledge.

Hartman, S. (2013), 'Bondless love', *Studies in Gender and Sexuality*, 14: 35–50.

Hartman, S. (2017), 'The poetic timestamp of digital erotic objects', *Psychoanalytic Perspectives*, 14: 159–74.

Hartman, S. (2020), 'Binded by the white: a discussion of "Fanon's vision of embodied racism for psychoanalytic theory and practice"' *Psychoanalytic Dialogues*, 30(3): 317–24. doi:10.1080/10481885.2020.1744965

Hill, D. (2015), *Affect Regulation Theory: A clinical model*. New York: W.W. Norton & Company.

Hirsch, I. (2008), *Coasting in the Countertransference: Conflicts of self interest between analyst and patient*. New York: The Analytic Press.

Hirsch, I. (2015), *The Interpersonal Tradition: The origins of psychoanalytic subjectivity*. New York: Routledge, Taylor & Francis Group.

Hoffman, I.Z. (1983), 'The patient as interpreter of the analyst's experience', *Contemporary Psychoanalysis*, 19: 389–422.

Hoffman, I.Z. (1992), 'Some practical implications of a social-constructivist view of the psychoanalytic situation', *Psychoanalytic Dialogues*, 2(3), 287–304. https://doi.org/10.1080/10481889209538934.

Hoffman, I.Z. (1994), 'Dialectical thinking and therapeutic action in psychoanalytic process', *Psychoanalytic Quarterly*, 63: 187–218.

Hoffman, I.Z. (1998), *Ritual and Spontaneity in the Psychoanalytic Process: A dialectical-constructivist view*. New York: The Analytic Press.

Hoffman, I.Z. (2009), 'Doublethinking our way to "scientific" legitimacy: The desiccation of human experience', *Journal of the American Psychoanalytic Association*, 57(5): 1043–69. https://doi.org/10.1177/0003065109343925.

Hoffman, I.Z. (2016), 'The risks of therapist passivity and the potentials of constructivist influence', *Psychoanalytic Dialogues*, 26(1), 91–7. doi:10.1080/10481885.2016.1123523.

Holmes, D. (2016), 'Come hither, American psychoanalysis: Our complex multicultural America needs: What we have to offer', *Journal of the American Psychoanalytic Association*, 64(3): 569–86.

Howell, E.F. and Itzkowitz, S. (2016), *The Dissociative Mind in Psychoanalysis: Understanding and working with trauma*. Abingdon: Routledge.

Ipp, H. (2010), 'Nell – A bridge to the amputated self: The impact of immigration on continuities and discontinuities of self', *International Journal of Psychoanalytic Self Psychology*, 5: 1–13.

Jacobs, T.J. (1986), 'On countertransference enactments', *Journal of the American Psychoanalytic Association*, 34: 289–307.

Jacobs, T.J. (1991), *Use of the Self: Countertransference and communication in the analytic situation*. Madison, CT: International Universities Press.

Jacobs, T.J. (2002), 'Impasse and progress in analysis: Some reflections on working through in the analyst and its role in the analytic process', *Journal of Clinical Psychoanalysis*, 11(2): 295–319.

Janet, P. (1889), *L'Automatisme Psychologique*, Paris: Félix Alcan (Reprint: Société Pierre Janet, Paris, 1973).

Jones, A.L. (2020), 'A black woman as an American analyst: Some observations from one woman's life over four decades', *Studies in Gender and Sexuality*, 21(2): 77–84. doi:10.1080/15240657.2020.1760013.

Jones, E. (1957), *The Life and Work of Sigmund Freud. Vol. 3. The last phase 1919–1939*. New York: Basic Books.

Kahr, B. (2009), 'Dr John Bowlby: Personal reminiscences of a gentleman psychoanalyst', *Attachment: New Directions in Psychotherapy and Relational Psychoanalysis*, 3(3): 362–71.

Kaplan, A. (2014), 'Recalibrating a psychoanalytic compass: Searching for flexibility in the midst of grief and loss', *Psychoanalytic Perspectives*, 11(3): 229–42. doi:10.1080/1551806x.2014.938944.

Khouri, L.Z. (2012), 'The immigrant's Neverland', *Contemporary Psychoanalysis*, 48(2): 213–37. doi:10.1080/00107530.2012.10746499.

Khouri, L. (2018), 'Through Trump's looking glass into Alice's Wonderland: On meeting the house Palestinian', *Psychoanalytic Perspectives*, 15(3): 275–99.

Knight, Z. (2007), 'The analyst's emotional surrender', *Psychoanalytic Review*, 94: 277–89.

Knoblauch, S. (2015), 'A culturally constituted subjectivity: Musically and beyond: A discussion of three offerings from Aron, Ralph, and White', *Psychoanalytic Dialogues*, 25(2): 201–7.

Knoblauch, S. (2017), 'The fluidity of emotions and clinical vulnerability: A field of rhythmic tensions', *Psychoanalytic Perspectives*, 14(3): 283–308.

Knoblauch, S.H. (2020), 'Fanon's vision of embodied racism for psychoanalytic theory and practice', *Bodies and Social Rhythms*, 30(3): 120–46. doi:10.4324/9781003030355-6.

Kuchuck, S. (2008), 'In the shadow of the towers: The role of retraumatization and political action in the evolution of a psychoanalyst', *Psychoanalytic Review*, 95: 417–36.

Kuchuck, S. (2009), 'Do ask, do tell? Narcissistic need as a determinant of analyst self-disclosure', *The Psychoanalytic Review*, 96: 1007–24.

Kuchuck, S. (2012), 'Please (don't) want me: The therapeutic action of male sexual desire in the treatment of heterosexual men', *Contemporary Psychoanalysis*, 48: 544–62.

Kuchuck, S. (2013), 'Reflections on the therapeutic action of desire', *Studies in Gender and Sexuality*, 14: 133–39.

Kuchuck, S. (2016), 'The supervisory action of psychoanalytic writing: A discussion of Rachel Altstein's "Finding Words: How the process and products of psychoanalytic writing can channel the therapeutic action of the very treatment it sets out to describe"', *Psychoanalytic Perspectives*, 13(1):

79–88. doi:10.1080/1551806x.2015.1108178.

Kuchuck, S. (2017), 'Postscript to: "Critique of relational psychoanalysis" by Jon Mills', in Barsness, R.E. (ed.), *Core Competencies of Relational Psychoanalysis: A guide to practice, study and research*. New York: Routledge.

Kuchuck, S. and Sopher, R. (2017), 'Relational psychoanalysis out of context: Response to Jon Mills', *Psychoanalytic Perspectives*, 14(3): 364–75.

Kuchuck, S. (2018), 'The analyst's subjectivity: On the impact of inadvertent, deliberate, and silent disclosure', *Psychoanalytic Perspectives* 15(3): 265–274.

Kuriloff, E.A. (2013), *Contemporary Psychoanalysis and the Legacy of the Third Reich: History, memory, tradition*. New York: Routledge.

Kuriloff, E.A. and Hartman, E. (2021), *Going Back for the First Time*. New York: Routledge.

Lachmann, F.M. and Beebe, B. (1995), 'Self psychology: Today', *Psychoanalytic Dialogues*, 5(3): 375–84. doi:10.1080/10481889509539075.

Laplanche, J. and Pontalis, J. (2006), *The Language of Psycho-analysis*. London: Karnac Books.

Layton, L. (2020), *Toward a Social Psychoanalysis: Culture, character, and normative unconscious processes*. Abingdon: Routledge.

Leary, K. (2000), 'Racial enactments in dynamic treatment', *Psychoanalytic Dialogues*, 10(4): 639–53. https://doi.org/10.1080/10481881009348573.

Levenson, E.A. (1995), *The Ambiguity of Change: An inquiry into the nature of psychoanalytic reality*. Northvale, NJ: J. Aronson.

Levine, F.J. (2003), 'The forbidden quest and the slippery slope', *Journal of the American Psychoanalytical Association*, 51S(Supplement): 203–45.

Levine, L. (2016), 'Mutual vulnerability: intimacy, psychic collisions, and the shards of trauma', *Psychoanalytic Dialogues*, 26(5): 571–9. doi:10.1080/10481885.2016.1214471.

Lewis, M. and Rosenblum, L.A. (1974), *The Effect of the Infant on its Caregiver*. New York: Wiley-Interscience.

Liotti, G. (2011), 'Attachment disorganization and the controlling strategies: An illustration of the contributions of attachment theory to developmental psychopathology and to psychotherapy integration', *Journal of Psychotherapy Integration*, 21(3): 232–52. doi:10.1037/a0025422.

Loewald, H. (1960), 'On the therapeutic action of psychoanalysis', in: Loewald, H.W. (ed.), (1980), *Papers on Psychoanalysis*, pp. 221–56. New Haven, CT: Yale University Press,

Loewald, H. (1974), 'Psychoanalysis as an art and the fantasy character of the analytic situation', in: Loewald, H.W. (ed.) (1980), *Papers on Psychoanalysis*, pp. 352–71. New Haven, CT: Yale University Press.

Loewald, H. (1977), 'Primary process, secondary process and language', in: Loewald, H.W. (ed.) (1980), *Papers on Psychoanalysis* (pp. 178–206). New Haven, CT: Yale University Press.

Loewald, H.W. (1980), *Papers on Psychoanalysis*. New Haven, CT: Yale University

Press.
Loewenthal, D. and Samuels, A. (2014), *Relational Psychotherapy, Psychoanalysis and Counselling*. Routledge.
Mark, D. and McKay, R.K. (2019), "The truth of the session" and varieties of intersubjective experience: Discussion of Aron and Atlas's dramatic dialogue'. *Psychoanalytic Perspectives*, 16(3): 272–86.
Maroda, K.J. (1991), *The Power of Countertransference: Innovations in analytic technique*. Chichester: John Wiley & Sons.
Maroda, K.J. (1998), 'Enactment: When the patient's and analyst's pasts converge', *Psychoanalytic Psychology*, 15(4): 517–35. https://doi.org/10.1037/0736-9735.15.4.517.
Maroda, K.J. (1999), *Seduction, Surrender, and Transformation*. Hillsdale, NJ: The Analytic Press.
Maroda, K.J. (2002), 'No place to hide: Affectivity, the unconscious, and the development of relational techniques', *Contemporary Psychoanalysis*, 38: 101–20.
Maroda, K.J. (2003), *Seduction, Surrender, and Transformation: Emotional Engagement in the Analytic Process*. New York: Routledge.
Maroda, K.J. (2005), 'Legitimate gratification of the analyst's needs', *Contemporary Psychoanalysis*, 41: 371–88.
Maroda, K.J. (2020), 'Deconstructing enactment', *Psychoanalytic Psychology*, 37(1): 8–17. http://dx.doi.org.libproxy.adelphi.edu/10.1037/pap0000282.
Merchant, A. (2020), 'Don't be put off by my name', *Studies in Gender and Sexuality*, 21(2): 104–12. doi:10.1080/15240657.2020.1760025.
Meszaros, J. (2014), *Ferenczi and Beyond: Exile of the Budapest school and solidarity in the psychoanalytic movement during the Nazi years*. Abingdon and New York: Routledge.
Mills, J. (2005), 'A critique of relational psychoanalysis', *Psychoanalytic Psychology*, 22 (2): 155–88.
Mills, J. (2012), *Conundrums: A critique of relational psychoanalysis*. New York: Routledge.
Mills, J. (2020), *Debating Relational psychoanalysis: Jon Mills and his critics*. Routledge.
Mitchell, J. (2000), *Psychoanalysis and Feminism: A radical reassessment of Freudian psychoanalysis*. New York: Basic Books.
Mitchell, S.A. (1981), 'The psychoanalytic treatment of homosexuality: Some technical considerations', *International Review of Psychoanalysis*, 8: 63–80.
Mitchell, S.A. (1988), *Relational Concepts in Psychoanalysis: An integration*. Cambridge, MA: Harvard University Press.
Mitchell, S.A. (1995), *Hope and Dread in Psychoanalysis*. New York: Basic Books.
Mitchell, S.A. (1997), *Influences & Autonomy in Psychoanalysis*. Hillsdale, NJ: The Analytic Press.
Mitchell, S.A. (2000), *Relationality: From attachment to intersubjectivity*.

Hillsdale, NJ: The Analytic Press.
Mitchell, S.A. (2002), *Can Love Last? The fate of romance over time*. London: W.W. Norton & Company.
Mitchell, S.A. and Aron, L. (eds) (1999), *Relational Pychoanalysis: The emergence of a tradition*. Hillsdale, NJ: The Analytic Press.
Mitchell, S.A. and Black, MJ. (1995), 'Harry Stack Sullivan and interpersonal psychoanalysis', in: *Freud and Beyond: A history of modern psychoanalytic thought*. New York: Basic Books.
Morrison, A.L. (1997), 'Ten years of doing psychotherapy while living with a life-threatening illness', *Psychoanalytic Dialogues*, 7: 225–41.
Morse, G.S. (2020), 'I hear you in my dreams', *Studies in Gender and Sexuality*, 21(2): 85–87. doi:10.1080/15240657.2020.1760017.
Newirth, J. (2003), *Between Emotion and Cognition: The generative unconscious*. New York: Other Press.
Oates, S. and Kuchuck, S. (2016), 'Privacy, hiding, silencing and self-revelation: a conversation between Steven Kuchuck and Steff Oates', *Transactional Analysis Journal*, 46 (4): 355–61.
Ogden, B.H. and Ogden, T.H. (2012), 'How the analyst thinks as clinician and as literary reader', *Psychoanalytic Perspectives*, 9(2): 243–73.
Ogden, T.H. (1979), 'On projective identification', *International Journal of Psychoanalysis*, 60: 357–73.
Ogden, T.H. (1986), T*he Matrix of the Mind: Object relations and the psychoanalytic dialogue*. Abingdon and New York: Routledge.
Ogden, T.H. (1994), 'The analytic third: Working with intersubjective clinical facts', *International Journal of Psychoanalysis*, 75: 3–19.
Ogden, T.H. (2004), 'This art of psychoanalysis: Dreaming undreamt dreams and interrupted cries', *International Journal of Psycho-Analysis*, 85: 857–77.
Orange, D.M. (2016), *Climate Crisis, Psychoanalysis, and Radical Ethics*. London: Routledge, Taylor & Francis Group.
Orbach, S. (1999), 'Why is attachment in the air?' *Psychoanalytic Dialogues*, 9(1): 73–83. doi: 10.1080/10481889909539307.
Orbach, S. (2003), 'Part I: There is no such thing as a body', *British Journal of Psychotherapy*, 20: 3–16. doi:10.1111/j.1752-0118.2003.tb00110.x.
Orbach, S. (2016), 'In therapy, everyone wants to talk about Brexit', *Attachment: New Directions in Psychotherapy*, 10(3): vii–ix.
Orbach, S. (2019), *Bodies*. London: Profile Books.
Orbach, S. and Eichenbaum, L. (1993), 'Feminine subjectivity, countertransference and the mother–daughter relationship', in: van Mens-Verhulst, L J., Schreurs, K. and Woertman, L. (eds), *Daughtering and Mothering: Female subjectivity reanalysed*, pp. 70–82. Abingdon: Routledge Taylor & Francis.
Orfanos, S.D. (2019), 'Drops of light into the darkness: Migration, immigration, and human rights', *Psychoanalytic Dialogues*, 29(3): 269–83. https://doi.org/1

0.1080/10481885.2019.1614832.
Piaget, J. (1965), *The Moral Judgment of the Child*. New York: Free Press.
Pizer, S.A. (1992), 'The negotiation of paradox in the analytic process', *Psychoanalytic Dialogues*, 2(2): 215–40. https://doi.org/10.1080/10481889209538930.
Pizer, B. (1997), 'When the analyst is ill: Dimensions of self-disclosure', *Psychoanalytic Quarterly*, 66: 450–69.
Putnam, F.W. (1989), 'Pierre Janet and modern views of dissociation', *Journal of Traumatic Stress*, 2(4): 413–29. https://doi.org/10.1002/jts.2490020406.
Rachman, A.W. (1997), 'The suppression and censorship of Ferenczi's Confusion of Tongues paper', *Psychoanalytic Inquiry*, 17(4): 459–85. https://doi.org/10.1080/07351699709534142.
Rachman, A.W. and Mattick, P.A. (2012), 'The confusion of tongues in the psychoanalytic relationship', *Psychoanalytic Social Work*, 19: 167–90.
Racker, H. (1957), 'The meanings and uses of countertransference', *Psychoanalytic Quarterly*, 26: 303–57.
Racker, H. (1968), *Transference and Countertransference*. New York: International Universities Press.
Reeder, J. (2004), *Hate and Love in Psychoanalytic Institutions: The dilemma of a profession*. New York: Other Press.
Renik, O. (1993), 'Analytic interaction: Conceptualizing technique in light of the analyst's irreducible subjectivity', *Psychoanalytic Quarterly*, 62(4): 553–71.
Renik, O. (1999), 'Playing one's cards face up in analysis: An approach to the problem of self-disclosure', *Psychoanalytic Quarterly*, 68: 521–38.
Renik, O. and Spillius, E.B. (2004), 'Intersubjectivity in psychoanalysis', *International Journal of Psychoanalysis*, 85(5): 1053–56. https://doi.org/10.1516/Q15V-JC04-T4HG-XP4D.
Richman, S. (2002), *A Wolf in the Attic: The legacy of a hidden child of the Holocaust*. New York: Routledge.
Richman, S. (2014), *Mended by the Muse: Creative transformations of trauma*. New York: Routledge.
Ringstrom, P. (2012), 'Principles of Improvisation: A model of therapeutic play in relational psychoanalysis', in: Aron, L. and Harris, A. (eds), *Relational Psychoanalysis, Vol. 5: Evolution of process*, p. 447–78. New York and Hove: Routledge/Taylor & Francis Group.
Ringstrom, P. (2014), A *Relational Psychoanalytic Approach to Couples Psychotherapy*. New York: Routledge.
Ross, M. (1989), 'Relation of implicit theories to the construction of personal histories', *Psychological Review*, 96(2): 341–57. https://doi.org/10.1037/0033-295X.96.2.341.
Rozmarin, E. (2017), 'Immigration, belonging, and the tension between center and margin in psychoanalysis', *Psychoanalytic Dialogues*, 27(4), 470–79. doi:10.1080/10481885.2017.1328194.

Rozmarin, E. (2020), 'Fathers don't cry: On gender, kinship, and the death drive', *Studies in Gender and Sexuality*, 21(1): 38–47. doi: 10.1080/15240657.2020.1721116.

Rust, M-J. (2020), *Towards an Ecopsychotherapy*. London: Confer Books.

Safran, J. D. and Reading, R. (2010), 'Mindfulness, metacommunication, and affect regulation in psychoanalytic treatment', in: Hicks, S.F. and Bien, T. (eds), *Mindfulness and the Therapeutic Relationship*, pp. 122–40. New York: Guilford.

Saketopolou, A. (2011a), 'Minding the gap: Intersections between gender, race, and class in work with gender variant children', *Psychoanalytic Dialogues*, 21(2): 192–209.

Saketopolou, A. (2011b), 'Consent, sexuality and self-respect: Commentary on Skerrett's essay', *Studies in Gender and Sexuality*, 12: 245–50.

Saketopolou, A. (2014a), 'Mourning the body as bedrock: Developmental considerations in treating transsexual patients analytically', *Journal of the American Psychoanalytic Association* , 62(5): 773–806.

Saketopolou, A. (2014b), 'To suffer pleasure: The shattering of the ego as the psychic labor of perverse sexuality', *Studies in Gender and Sexuality*, 15(4): 254–68.

Salberg, J. (2010), *Good enough endings: Breaks, interruptions and terminations from contemporary relational perspectives*. Routledge.

Salberg, J. and Grand, S. (2017), *Wounds of History: Repair and resilience in the trans-generational transmission of trauma*. London: Routledge, Taylor & Francis Group.

Sameroff, A.J. (1993), Models of development and developmental risk, in: Zeanah, C.H., Jr. (ed.), *Handbook of Infant Mental Health*, pp. 3–13. New York: The Guilford Press.

Sander, L. (1969), 'Regulation and organization in the early infant-caretaker system', in: Robinson, J. R. (ed.), *Brain and Early Development*, pp. 129–166. New York: Academic Press.

Sander, L. (1977), 'The regulation of exchange in the infant-caretaker system and some aspects of the context–content relationship', in: Lewis, M. and Rosenblum, L. (eds), *Interaction, Conversation, and the Development of Language*, pp. 133–56. New York: Wiley.

Sander, L. (1983), 'Polarity, paradox, and the organizing process in development', in: Call, J., Galenson, E. and Tyson, R. (eds), *Frontiers of Infant Psychiatry*, pp. 333–46. New York: Basic Books.

Sander, L. (1985), 'Toward a logic of organization in psychobiological development', in: Klar, H. and Siever, L. (eds), Biologic Response Styles: Clinical implications, pp. 20–36. Washington, DC: American Psychiatric Press.

Sander, L. (1995), 'Identity and the experience of specificity in a process of recognition', *Psychoanalytic Dialogues*, 5: 579–93.

Sander, L. (2002), 'Thinking differently principles of process in living systems

and the specificity of being known', *Psychoanalytic Dialogues*, 12: 11–42.
Schore, A.N. (1994), *Affect Regulation and the Origin of the Self: The neurobiology of emotional development*. Mahwah, NJ: Erlbaum.
Schore, A.N. (2003a), *Affect Regulation and the Repair of The Self*. New York. W.W. Norton & Company.
Schore, A.N. (2003b), *Affect Dysregulation and Disorders of the Self*. New York: W.W. Norton & Company.
Schore, A.N. (2012), *The Science of the Art of Psychotherapy*. New York: W.W. Norton & Company.
Schore, J.R. and Schore, A.N. (2014), 'Regulation theory and affect regulation psychotherapy: A clinical primer', *Smith College Studies in Social Work*, 84(2–3): 178–95. https://doi.org/10.1080/00377317.2014.923719.
Schwartz Cooney, A. (2018) 'Vitalizing enactment: A relational exploration', *Psychoanalytic Dialogues*, 28(3): 340–54.
Schwartz-Cooney, A. and Sopher, R. (2021), *Vitalization in Psychoanalysis*. New York: Routledge.
Searles, H.F. (1959), 'Oedipal love in the countertransference', *International Journal of Psycho-Analysis*, 40: 180–90.
Searles, H.F. (1977), 'Dual- and multiple-identity processes in borderline ego functioning', in: Hartocollis, P. (ed.), *Borderline Personality Disorders*, pp. 441–55. New York: International Universities Press.
Searles, H.F. (1978–79), 'Concerning transference and countertransference', *International Journal of Psychoanalytic Psychotherapy*, 7: 165–88.
Seligman, S. (2018), *Relationships in Development: Infancy, intersubjectivity, attachment*. New York: Routledge.
Shapiro, S.A. (1996), 'The embodied analyst in the Victorian consulting room', *Gender and Psychoanalysis*, 1(3): 297–322.
Shaw, D. (2013), *Traumatic Narcissism: Relational systems of subjugation*. New York: Routledge.
Sheehi, L. (2020), 'Talking back introduction to special edition: Black, indigenous, women of color talk back: Decentering normative psychoanalysis', *Studies in Gender and Sexuality*, 21(2): 73–6. doi: 10.1080/15240657.2020.1760012.
Sherby, L.B. (2005), 'Self-disclosure: Seeking connection and protection', *Contemporary Psychoanalysis*, 41: 499–517.
Sherman-Meyer, C. (2016), 'Swimming lessons: Aging, dissociation, and embodied resonance', *Psychoanalytic Perspectives*, 13(2): 201–13. doi: 10.1080/1551806X.2016.1156434.
Silverman, S. (2006), 'Where we both have lived', *Psychoanalytic Dialogues*, 16: 527–42.
Silverman, S. (2015), 'The colonized mind: Gender, trauma, and mentalization', *Psychoanalytic Dialogues*, 25: 51–66.
Skolnick, N.J. and Warshaw, S.C. (1992), *Relational Perspectives in Psychoanalysis*.

Hillsdale, NJ: The Analytic Press.
Slade, A. (2004), 'Two therapies: Attachment organization and the clinical process', in: Atkinson, L. and Goldberg, S. (eds), *Attachment Issues in Psychopathology and Intervention*, pp. 181–206. Mahwah, NJ: Lawrence Erlbaum Associates.
Slavin, J.H. (2002). The innocence of sexuality. *Psychoanalytic quarterly*, 71 (1): 51-79
Slavin, J.H. (2016). "I Have Been Trying to Get Them to Respond to Me": Sexuality and Agency in Psychoanalysis. *Contemp. Psychoanal.*, 52(1):1-20.
Slavin, J.H. (2019). It's Private: Introductory Comments on "First Encounters with Erotic Desire in Treatment". *Psychoanal. Perspect.*, 16(1):1-8.
Slavin, J.H. and Rahmani, M. (2016), 'Slow dancing: mind, body, and sexuality in a new relational psychoanalysis', *Psychoanalytic Perspectives*, 13(2): 152–67. doi: 10.1080/1551806x.2016.1156430.
Slavin, M.O. (2016). Relational Psychoanalysis and the Tragic-Existential Aspect of the Human Condition. *Psychoanal. Dial.*, 26(5): 537-548.
Sletvold, J. (2012), 'Training analysts to work with unconscious embodied expressions: Theoretical underpinnings and practical guidelines', *Psychoanalytic Dialogues*, 22(4): 410–29. https://doi.org/10.1080/10481885.2012.700875.
Slochower, J.A. (1996), *Holding and Psychoanalysis: A relational perspective*. London: Routledge/Taylor & Francis Group.
Slochower, J. (2018a), 'D.W. Winnicott: Holding, playing and moving toward mutuality', in: Charles, M. (ed.), *Introduction to Contemporary Psychoanalysis: Defining terms and building bridges*, pp. 97–117. Abingdon and New York: Routledge/Taylor & Francis Group.
Slochower, J. (2018b), 'Going too far: Relational heroines and relational excess', in: Aron, L, Grand, S. and Slochower, J. (eds), *De-idealizing Relational Theory: A critique from within* (pp. 8–34). New York: Routledge.
Sopher, R. (2020), 'Where are we going, where have we been?', *Psychoanalytic Perspectives*, 17(1): 1–12. doi:10.1080/1551806x.2019.1685315.
Spotnitz, H. (1969), *Modern Psychoanalysis of the Schizophrenic Patient*. New York: Grune & Stratton.
Stein, R. (1995), 'Analysis of a case of transsexualism', *Psychoanalytic Dialogues*, 5(2): 257–89. https://doi.org/10.1080/10481889509539065,
Stein, R. (1998a), 'The poignant, the excessive and the enigmatic in sexuality', *International Journal of Psychoanalysis*, 79(2): 253–68.
Stein, R. (1998b), 'The enigmatic dimension of sexual experience: The "otherness" of sexuality and primal seduction', *Psychoanalytic Quarterly*, 67(4): 594–625.
Stein, R. (2000), '"False love" – "why not?" Fragments or an analysis', *Studies in Gender and Sexuality*, 1(2): 167–90. doi: 10.1080/15240650109349154.
Stein, R. (2005a), 'Why perversion? False love and the perverse pact',

International Journal of Psychoanalysis, 86: 775–99. doi:10.1516/PFHH-8NW5-JM3Y-V70P.

Stein, R. (2005b), 'Skimming the milk, cajoling the soul – embodiment and obscenity in sexuality: Commentary on Muriel Dimen's paper', *Studies in Gender and Sexuality*, 6(1): 19–31.

Stern, D.B. (1983), 'Unformulated experience: From familiar chaos to creative disorder', *Contemporary Psychoanalysis*, 19(1): 71–99. https://doi.org/10.1080/00107530.1983.10746593.

Stern, D.B. (1997), *Unformulated Experience: From dissociation to imagination in psychoanalysis*. Relational Perspectives Book Series, Vol. 8. Hillsdale, NJ: The Analytic Press.

Stern, D.B. (2004), 'The eye sees itself: Dissociation, enactment, and the achievement of conflict', *Contemporary Psychoanalysis*, 40: 197–237.

Stern, D.B. (2017), 'Interpersonal psychoanalysis: History and current status', *Contemporary Psychoanalysis*, 53(1): 69–94. doi:10.1080/00107530.2016.1274870.

Stern, D.B. (2018), 'Otherness within psychoanalysis: On recognizing the critics of relational psychoanalysis', in: Aron, L., Grand, S. and Slochower, J. (eds), *Decentering Relational Theory: A comparative critique*, pp. 27–48. New York: Routledge.

Stern, D.B. and Hirsch, I. (eds) (2017), *The Interpersonal Perspective in Psychoanalysis, 1960s-1990s. Rethinking transference and countertransference*. New York: Routledge.

Stern, D.N. (1971), 'A microanalysis of mother-infant interaction', *Journal of the American Academy of Child Psychiatry* 10(3): 501–17.

Stolorow, R.D., Atwood, G.E. and Ross, J.M. (1978), 'The representational world in psychoanalytic therapy', *International Review of Psycho-Analysis*, 5(3): 247–56.

Stolorow, R.D., Brandchaft, B. and Atwood, G. (1987), *Psychoanalytic Treatment: An intersubjective approach*. Hillsdale, NJ: The Analytic Press.

Stolorow, R.D., Atwood, G.E. and Orange, D.M. (2002), *Worlds of Experience: Interweaving philosophical and clinical dimensions in psychoanalysis*. New York: Basic Books.

Suchet, M. (2004), 'A relational encounter with race', *Psychoanalytic Dialogues*, 14: 423–38.

Suchet, M. (2007), 'Unraveling whiteness', *Psychoanalytic Dialogues*, 17(6): 867–86.

Suchet, M. (2011), 'Crossing over', *Psychoanalytic Dialogues*, 21: 172–91.

Sullivan, H.S. (1940), *Conceptions of Modern Psychiatry*. New York: W.W. Norton & Company.

Sullivan, H.S. (1947), *Conceptions of Modern Psychiatry*. Washington, DC: William Alanson White Psychiatric Foundation.

Sullivan, H.S. (1953), *The Interpersonal Theory of Psychiatry*. New York: W.W.

Norton & Company.
Taipale J. (2016), 'Self-regulation and beyond: Affect regulation and the infant-caregiver dyad', *Frontiers in Psychology*, 7: 889. https://doi.org/10.3389/fpsyg.2016.00889.
Tanner, J.G. (2020), 'Symmetry and mutuality in the imaginary: Analyzing the (lack of) structure'. *Psychoanalytic Psychology*, 37(2): 158–64. http://dx.doi.org/10.1037/pap0000298.
Thompson, R.A. (1994), 'Emotion regulation: A theme in search of definition', *Monographs of the Society for Research in Child Development*, 59(2–3), 25–52; 250–83. https://doi.org/10.2307/1166137.
Tosone, C., Nuttman-Shwartz, O. and Stephens, T. (2012), 'Shared trauma: When the professional is personal', *Clinical Social Work Journal*, 40: 231–39. https://doi.org/10.1007/s10615-012-0395-0.
Tronick, E.D., Als, H. and Brazelton, T.B. (1977), 'Mutuality in mother–infant interaction', *Journal of Communication*, 27(2): 74–79. https://doi.org/10.1111/j.1460-2466.1977.tb01829.x.
Tronick, E.Z. (1989), 'Emotions and emotional communication in infants', *American Psychologist*, 44(2): 112–19. https://doi.org/10.1037/0003-066X.44.2.112.
Ullman, C. (2011), 'Between denial and witnessing: Psychoanalysis and clinical practice in the Israeli context', *Psychoanalytic Perspectives*, 8(2): 179–200. doi:10.1080/1551806x.2011.10486304.
Wachtel, P. (2008), *Relational Theory and the Practice of Psychotherapy*. New York: The Guilford Press.
Wallin, D.J. (2007), *Attachment in Psychotherapy*. New York: Guildford Press.
Wallin, D.J. (2014), 'Because connection takes two: The analyst's psychology in treating the "connection-resistant" patient', *International Journal of Psychoanalytic Self Psychology*, 9(3): 200–7.
White, C. (2016), 'I am, you are, we ... are ... us! Discussion of "Culturally imposed trauma: The sleeping dog has awakened: Will psychoanalysis take heed?" by Dorothy Evans Holmes, Ph.D.', *Psychoanalytic Dialogues*, 26(6): 673–77.
Wilson, M. (2003), 'The analyst's desire and the problem of narcissistic resistances', *Journal of the American Psychoanalytic Association*, 51: 71–99.
Winnicott, D.W. (1960), *The theory of the parent-infant relationship. In The maturational processes and the facilitating environment*. New York: International Universities Press, 1965, pp. 37-55.
Winnicott, D.W. (1965), *The Maturational Processes and the Facilitating Environment: Studies in the theory of emotional development*. Madison, CT: International Universities Press
Winograd, B. (2014), Black psychoanalysts speak. *Psychoanalytic Electronic Publishing: PEP Video Grants*, 1(1): 1.
Woods, K.M. (2020), 'What is my part?', *Studies in Gender and Sexuality*, 21(2):

94–98. doi:10.1080/15240657.2020.1760023.
Young, W.C. (1988), 'Psychodynamics and dissociation: All that switches is not split', *Dissociation: Progress in the Dissociative Disorders*, 1(1): 33–38.
Zepf, S. (2008), 'Libido and psychic energy – Freud's concepts reconsidered', *International Forum of Psychoanalysis*, 19(1): 3–14. doi: 10.1080/08037060802450753.
Zienert-Eilts, K. (2020), 'Populism as container and "perverted containing". On the psychoanalytical understanding of destructive social processes', *IJP Open*, 7: 53.

【附錄三】

延伸閱讀

- 《人格的精神分析研究》（2022），費爾貝恩（W. R. D. Fairbairn），無境文化。
- 《非科學的心理學：理解人類生活的後現代路徑 》（2022），弗雷德．紐曼（Fred Newman）露易絲．賀茲蔓（Lois Holzman），五南。
- 《體驗的世界：精神分析的哲學和臨床雙維度》（2021），羅伯史托羅洛（Robert D. Stolorow）、喬治艾特伍（George E. Atwood）、唐娜奧蘭治（Donna M. Orange），心靈工坊。
- 《三種和多種自體：佛洛伊德、克萊恩、寇哈特，或榮格，與其他共論證》（2021），劉慧卿，心靈工坊。
- 《我們為何彼此撕裂？：從大團體心理學踏出和解的第一步》（2021），沃米克．沃爾肯（Vamık D. Volkan），心靈工坊。
- 《從殊途走向療癒：精神分析躺椅上的四個人生故事》（2021），沃米克．沃爾肯（Vamık D. Volkan），心靈工坊。
- 《精神分析的心智模型：從佛洛伊德的時代說起》

（2020），伊莉莎白・歐青克羅斯（Elizabeth L. Auchincloss），心靈工坊。

- 《故事・知識・權力：敘事治療的力量》（2018），麥克懷特（Michael White）、大衛艾普斯頓（David Epston），心靈工坊。
- 《當代精神分析導論：理論與實務》（2017），安東尼・貝特曼（Anthony Bateman）、傑瑞米　霍姆斯（Jeremy Holmes），心靈工坊。
- 《翻轉與重建：心理治療與社會建構》（2017），席拉・邁可納米（Sheila McNamee）、肯尼斯・格根（Kenneth J. Gergen），心靈工坊。
- 《關係的存有：超越自我・超越社群》（2016），肯尼斯格根（Kenneth J. Gergen），心靈工坊。
- 《等待思想者的思想：後現代精神分析大師比昂》（2014），納維爾・希明頓（Neville Symington）、瓊安・希明頓（Joan Symington），心靈工坊。
- 《超越佛洛伊德：精神分析的歷史》（2011），史帝芬・米契爾（Stephen A. Mitchell）、瑪格麗特・布萊克（Margaret J. Black），心靈工坊。
- 《精神分析實作三景：從言語誕生的現實》（2010），讓－克勞德・拉維（Jean- Claude Lavie），無境文化。
- 《母性精神分析：女性精神分析大師的生命故事 》（2001），珍妮特・榭爾絲（Janet Sayers），心靈工坊。

PsychoTherapy 064

精神分析和心理治療的關係性革命
趨向二人心理學的典範轉移
The Relational Revolution in Psychoanalysis and Psychotherapy

史蒂芬・庫查克（Steven Kuchuck）──著
林俐伶──審閱　魏與晟──譯

出版者—心靈工坊文化事業股份有限公司
發行人—王浩威　總編輯—徐嘉俊
執行編輯—徐嘉俊、趙士尊　封面設計—高鍾琪
內頁排版—龍虎電腦排版股份有限公司
通訊地址—10684 台北市大安區信義路四段 53 巷 8 號 2 樓
郵政劃撥—19546215　戶名—心靈工坊文化事業股份有限公司
電話　02）2702-9186　傳真—02）2702 9286
Email—service@psygarden.com.tw　網址—www.psygarden.com.tw

製版・印刷—彩峰造藝印像股份有限公司
總經銷—大和書報圖書股份有限公司
電話—02）8990-2588　傳真—02）2290-1658
通訊地址—248 新北市新莊區五工五路二號
初版一刷—2023 年 3 月　ISBN—978-986-357-286-2　定價—420 元

國家圖書館出版品預行編目資料

精神分析和心理治療的關係性革命：趨向二人心理學的典範轉移 / 史蒂芬 . 庫查克 (Steven Kuchuck) 著 ; 魏與晟譯 . -- 初版 . -- 臺北市 : 心靈工坊文化事業股份有限公司 , 2023.03
面；　公分 . -- (Psychotherapy ; 64)
譯自 : The relational revolution in psychoanalysis and psychotherapy
ISBN 978-986-357-286-2(平裝)

1.CST: 精神分析學　2.CST: 心理治療

175.7　　112002644

心靈工坊 PsyGarden 書香家族 讀友卡

感謝您購買心靈工坊的叢書，爲了加強對您的服務，請您詳填本卡，
直接投入郵筒（免貼郵票）或傳眞，我們會珍視您的意見，
並提供您最新的活動訊息，共同以書會友，追求身心靈的創意與成長。

書系編號—Psychotherapy 064 **書名**—精神分析和心理治療的關係性革命：趨向二人心理學的典範轉移

姓名 是否已加入書香家族？ □是 □現在加入

電話 (O) (H) 手機

E-mail 生日 年 月 日

地址 □□□

服務機構 職稱

您的性別—□1.女 □2.男 □3.其他

婚姻狀況—□1.未婚 □2.已婚 □3.離婚 □4.不婚 □5.同志 □6.喪偶 □7.分居

請問您如何得知這本書？

□1.書店 □2.報章雜誌 □3.廣播電視 □4.親友推介 □5.心靈工坊書訊
□6.廣告DM □7.心靈工坊網站 □8.其他網路媒體 □9.其他

您購買本書的方式？

□1.書店 □2.劃撥郵購 □3.團體訂購 □4.網路訂購 □5.其他

您對本書的意見？

□ 封面設計 1.須再改進 2.尚可 3.滿意 4.非常滿意
□ 版面編排 1.須再改進 2.尚可 3.滿意 4.非常滿意
□ 內容 1.須再改進 2.尚可 3.滿意 4.非常滿意
□ 文筆／翻譯 1.須再改進 2.尚可 3.滿意 4.非常滿意
□ 價格 1.須再改進 2.尚可 3.滿意 4.非常滿意

您對我們有何建議？

□本人同意＿＿＿＿＿＿＿（請簽名）提供（真實姓名/E-mail/地址/電話/年齡/等資料），以作為心靈工坊（聯絡/寄貨/加入會員/行銷/會員折扣/等之用，詳細內容請參閱http://shop.psygarden.com.tw/member_register.asp。

廣　告　回　信
台北郵政登記證
台北廣字第1143號
免　貼　郵　票

10684台北市信義路四段53巷8號2樓

讀者服務組　收

（對折線）

加入心靈工坊書香家族會員
共享知識的盛宴，成長的喜悅

請寄回這張回函卡（免貼郵票），
您就成為心靈工坊的書香家族會員，您將可以——

⊙隨時收到新書出版和活動訊息

⊙獲得各項回饋和優惠方案